Nate Foster O. Pillow

SIX LETTRES

A

S. L. MERCIER,

DE L'INSTITUT NATIONAL DE FRANCE,

Sur les six Tomes de son *Nouveau Paris*.

Par un Français.

*Quid Romæ faciam ? mentiri nescio : librum
Si malus est, nequeo laudare.*
                           Juvenal, sat. 3.

Prix deux francs. 50 c.

A PARIS,

Chez les Marchands de Nouveautés.

An IX. (1801.)

FAUTES omises dans l'errata qui est à la fin.

Page 23 ligne 22, occuper, la force ? *lisez* occuper ? la force ;

Idem, ligne suiv., garder, la force ? *lisez* garder ? la force ;

Page 37, ligne 7, marqué, *lisez* manqué.

Page 74, ligne 1, *adroit*, lisez *adroit ;*

Page 82, ligne 18, *ôtez* et.

Page 129, ligne 2, Éloi, *lisez* Éloi ;

Page 130, ligne 8, qui à, *lisez* qu'à.

Page 180, ligne 17, pourquoi, *lisez* pourquoi ?

Page 181, ligne 2, nation : *lisez* nation,

Page 187, ligne 12, prodiguez ; *lisez* prodiguez,

Page 209, ligne 9, forcé ? *lisez* forcé.

Page 228, ligne 8, Thiophilantrope, *lisez* Théophilantrope.

Page 229, ligne 6, récréée, *lisez* recréée.

Idem, ligne 20, récréé, *lisez* recréé.

Page 234, ligne 18, étair, *lisez* était.

Page 236, ligne 2, qu'il, *lisez* qui.

Page 238, ligne 18, qu'il, *lisez* qui.

Page 288, ligne 14, se voit, *lisez* peut se voir.

AVANT-PROPOS.

Celui qui publie ses pensées par la voie de l'impression, se livre au jugement des hommes : il appelle leurs éloges ou leur censure sur son style et sur ses opinions. Il ne peut accuser personne de la sévérité dont on use envers lui : la carrière de l'écrivain serait trop belle si, toujours semée de roses, les épines de la critique ne tempéraient pas quelquefois les délicieuses jouissances de l'amour-propre satisfait.

Le *Nouveau Paris* étant donc devenu le patrimoine du public, je me suis empressé de connaître l'ouvrage d'un de nos plus féconds littérateurs : je l'ai trouvé semé d'idées souvent fausses, plus souvent incohérentes, quelquefois ridicules ou absurdes, par le desir familier à son auteur de paraître neuf et original ; qualités qui demandent un tact infiniment délicat pour

AVANT-PROPOS.

n'être que piquantes, et ne pas dégénérer en extravagance, comme le *Nouveau Paris* en offre plusieurs exemples : ce sont sur-tout les erreurs de fait que j'ai combattues, et les hypothèses totalement inadmissibles.

Le ton tranchant et décisif du C. Mercier, m'a autorisé, ce me semble, à prendre le même ton dans ces Lettres : si l'aigreur perce quelquefois dans mes observations, je lui en fais mes excuses ; le sujet m'aura entraîné ; il n'ignore pas que la plume est une arme qu'on n'est pas toujours maître de diriger à son gré. Peut-être trouvera-t-il la plaisanterie déplacée dans quelques endroits : mon but a été d'égayer une matière déjà sèche par elle-même, et, en vérité, je n'ai fait que suivre son exemple ; il a su répandre un sel si piquant sur des sujets qui n'en étaient guères susceptibles, que j'ai cru devoir imiter de mon mieux un aussi parfait modèle.

Peut-être l'ouvrage du C. Mercier mérite-t-il la censure que je me suis permis d'en faire : peut-être aussi mes observations portent-elles à faux ; c'est

AVANT-PROPOS.

un problème dont la solution ne saurait être attendue de l'un de nous deux. En critiquant, je m'expose moi-même à la critique, à me voir appliquer l'épigraphe que j'ai mise en tête de mon ouvrage; je le sais : mais je n'ai pas cru que des lettres isolées, sans suite et sans plan régulier, demandassent un style fleuri ni recherché; je ne sollicite pas l'indulgence des lecteurs pour la négligence du mien : les productions du genre de celle-ci, sont, pour l'ordinaire, sévèrement jugées : j'abandonne donc mon style à la censure de tous les aristarques : il n'en est pas de même de mes opinions ; selon le principe que j'ai irrévocablement adopté, la franchise la plus entière a présidé à toutes mes phrases : si je n'ai pas dit tout ce que j'ai pensé, j'ai toujours pensé tout ce que j'ai dit. Je ne veux point m'astreindre aux opinions des autres, et je ne prétends ramener personne aux miennes ; c'est là ma profession de foi de tous les temps.

Ainsi que l'auteur que je vais commenter, le dit de lui-même, ma plume a toujours été indépendante, mais jamais aux dépens de la vérité.

Ceux qui connaissent particulièrement le C. Mercier, trouveront que je l'ai traité un peu sévèrement ; j'en conviens : mais l'innombrable série de ses productions, la légéreté avec laquelle il a osé attaquer des savans, honorés de l'estime universelle, la folle prétention qu'il attache à ses écrits, si étrangement multipliés, la hardiesse de ses paradoxes, les vérités dures (je passe sous silence les calomnies) qu'il a cru pouvoir se permettre contre tant de gens, ainsi qu'on en sera convaincu à la lecture de cet ouvrage ; tout enfin m'a paru se réunir pour m'interdire les ménagemens auxquels l'étonnante naïveté, la simplicité (que l'on pourrait nommer *enfantine*) de son caractère, semblaient lui donner quelques droits. Le *Nouveau Paris*, en un mot, me paraît un de ces ouvrages dont le bon goût, la raison, demandent qu'au défaut des lois, quelqu'un se charge de faire justice.

Il est un reproche qu'on me fera, sans doute, auquel je suis bien-aise de

AVANT-PROPOS.

répondre d'avance : quelques écrivains du moment n'approuvent pas qu'on rappelle ces époques horribles, connues sous le nom de *règne de la terreur* ; ils appellent cela, *remuer les ordures de la révolution*, et prétendent qu'il faut les ensevelir dans un oubli éternel : je prends la liberté d'être d'un avis directement opposé ; je crois que ces scènes affreuses, qui feront long-temps la honte de notre patrie, doivent être souvent retracées à un peuple qui oublie tout ce qu'il ne voit plus. Ce n'est que par des récits mille fois répétés, qu'on lui donnera, peut-être, l'énergie nécessaire pour s'opposer au retour de ces évènemens désastreux. Les partisans de l'opinion contraire s'appuyent sur ce qu'ils regardent comme impossible un nouveau régime de *terreur:* je ne pense pas comme eux, et je me fonde sur l'état de la France avant le 18 Brumaire ; quel effrayant rapport entre la loi du 17 Septembre 1793, qui a consolidé la puissance de Robespierre, et celle des otages ! or, je demande quel obstacle le peuple opposait à la marche tyrannique du directoire : je demande ce qui l'eut empêché de renouveller les scènes antérieures au 9 Thermidor, si sa sûreté ou son caprice l'avaient exigé. Le peuple n'est donc pas assez pénétré de l'horreur que doit inspirer le terrorisme; il ne s'en souvient donc plus; il faut donc le remettre sous ses yeux, le lui retracer sans cesse : aussi ai-je profité des occasions que m'a offert le C. Mercier, et il m'en a offert beaucoup.

J'avoue que j'envisage avec plus d'effroi le triomphe des jacobins que celui des royalistes; la raison en est simple; ceux-ci ne m'ont fait aucun mal, et ceux-là m'ont emprisonné; le temps seul leur a manqué pour m'égorger comme tant d'autres : rien de plus naturel, de mieux raisonné que mes craintes. Quant à ceux qui ont des motifs pour redouter les royalistes, et qui sont assurés de la protection, de l'indulgence, ou de l'oubli des jacobins ou anarchistes, je leur pardonne de les préférer; ainsi que moi, ils sont conséquents dans leur choix.

Les raisonneurs du jour, à la lecture de cet article, conclurront que je suis royaliste, et croiront avoir fait une grande découverte ; je me contenterai de leur répondre que dans ce cas, en partant de leur principe, ceux qui préfèrent au retour du régime monarchique celui des jacobins, sont terroristes; et pour lors il n'existerait aucun républicain en France : car il n'est personne, s'il veut être de bonne foi, et mettre de côté l'intérêt personnel, qui ne penche en faveur de l'un de ces deux partis, qui les rédoute également l'un et l'autre, à commencer par le C. Mercier qui, emprisonné, presque massacré par Robespierre, préférerait (dit-il très-sensément) le retour de ses successeurs à celui de la monarchie, comme on le verra dans ces Lettres. Mes lecteurs devront donc convenir qu'on peut opter entre ces deux partis, sans cesser d'être républicain; qualité qui, au reste, est aujourd'hui commune à tous les français, puisqu'ils vivent dans une république, et obéissent à ses lois : un gouvernement juste ne peut exiger des citoyens que l'obéissance aux lois : l'approbation en est *libre :* c'est par le plus étrange abus des mots, qu'on a

AVANT-PROPOS.

voulu n'appeller républicain, que celui qui *aimait*, qui *chérissait* la république; comme si, par exemple, le soldat *forcé* de rester sous les drapeaux, cessait pour cela d'être soldat, et même aussi bon qu'un autre.

Je pense assez favorablement sur le compte du C. Mercier, pour être assuré qu'il ne verra dans cet ouvrage qu'une critique particulièrement dirigée contre le sien, et non un cadre destiné expressément à émettre des opinions quelquefois un peu hardies : il sait, au reste, qu'elles sont libres, et que sous un gouvernement humain, éclairé, juste, tout citoyen a le droit imprescriptible de publier les siennes : l'écrivain ne doit connaître d'autres bornes que la calomnie, et à cet égard, j'ose affirmer que je suis à couvert de tout reproche.

L'édition du *Nouveau Paris*, que j'ai commentée, n'est point l'originale qui a paru plusieurs mois avant le 18 Brumaire; elle est en six volumes *in-12*, *Brunswick* 1800, parfaitement conforme à celle de Paris, *in-8°*. J'en préviens mes lecteurs, pour qu'ils puis-

AVANT-PROPOS.

sent vérifier avec quelle exactitude scrupuleuse sont transcrits les passages que j'ai critiqués : ils s'assureront encore que je n'ai choisi que des phrases tellement isolées qu'elles forment un sens parfait, absolument indépendant de ce qui précède et de ce qui suit.

Il ne me reste plus qu'à supplier les auteurs de certains journaux littéraires, que je crois inutile de désigner plus particulièrement, s'ils daignent honorer cet opuscule de leur attention, de ne pas commencer leur examen par m'accuser de contre-révolution, parce que j'ai le malheur de ne pas penser comme eux sur tous les points, ou parce que je n'ai pas cru devoir me prosterner devant l'institut national. Cette manière de juger les ouvrages de littérature a véritablement un avantage ; celui de fermer la bouche à un écrivain, qui, n'ayant pas de feuille périodique à ses ordres, est d'ailleurs fort peu curieux d'entamer une discussion politique, et de défendre son patriotisme contre des gens qui n'ont, pour l'attaquer, d'autre mission que celle qu'ils se sont gratuitement donnée : qu'ils

AVANT-PROPOS.

fassent leur cour au gouvernement par leurs propres ouvrages ; ils seront libres alors d'afficher les opinions qu'ils croiront convenir aux circonstances, et dont ils devront attendre quelqu'emploi honorable ou lucratif ; mais il n'est ni généreux, ni *philosophique* de chercher à s'élever sur les ruines de ces auteurs paisibles, qui ne demandent rien, et dont par conséquent ils n'ont à redouter aucune sorte de rivalité.

J'ai cru devoir fixer l'époque précise de l'impression de cet ouvrage, pour que le lecteur ne me blâme pas d'avoir ignoré quelqu'évènement que je n'ai pu connaître : dans un moment où ils se succèdent avec autant de rapidité, cette précaution m'a paru d'autant plus indispensable, que la publication de ces Lettres étant subordonnée à diverses circonstances, il est possible qu'elles ne paraissent que plusieurs mois après leur impression.

Fini d'imprimer le 3 Floréal, an 9.
(23 Avril 1801.)

PREMIÈRE LETTRE.

LE premier volume, ainsi que la plus grande partie des autres, est beaucoup plus un tableau de la révolution qu'un tableau de Paris : elle a sans doute influé prodigieusement sur l'état actuel de cette ville ; et c'est pourquoi, CITOYEN MERCIER, vous avez cru pouvoir substituer le précis historique et animé de l'année 1789 et des suivantes, à une froide description de la capitale, qui vous eut forcé de répéter en partie ce que vous avez consigné dans vos douze volumes du Tableau de Paris : car enfin, si Paris a éprouvé de grands changemens, tout n'a pas changé. De plus la révolution vous offrait les moyens de manifester plus fortement votre opinion sur les hommes et

PREMIÈRE

sur les choses : vous en avez usé sans scrupule ; je vais vous imiter, et hasarder quelques observations qui, sans cadrer précisément avec les vôtres, rencontreront peut-être quelques approbateurs : ne regardez pas cet opuscule précisément comme une critique de vos opinions ; vous savez que chacun a les siennes, et je crois pouvoir avancer que parmi tous ceux qui ont profité du droit que chaque homme a d'é*mettre*, même les plus extraordinaires, vous méritez d'être cité le premier.

(*Avant-propos, page 7.*) » Le plus grand des miracles, c'est que Paris soit encore debout. Le plan d'attaque qui devait avoir lieu à Versailles, contre l'Assemblée nationale et contre Paris, est un des plus épouvantables projets qui ayent été conçus dans le cabinet d'un roi parjure et d'une cour dépravée ». Vous vous étonnez que Paris soit encore debout ; il n'a jamais été menacé ; l'Assemblée constituante, menacée *seule*,

LETTRE.

a voulu lier à sa cause une capitale immense, dont les secours étaient nécessaires pour la sauver elle-même ; et comme il est de l'essence de tous les peuples d'être trompés, les parisiens qui, bien que plus nombreux, ne sont pas plus fins que d'autres, ont cru ce qu'on voulait qu'ils crussent : la dissolution de l'Assemblée remettait tout uniment les parisiens où ils en étaient quatre mois auparavant; combien d'entr'eux voudraient aujourd'hui que les choses se fussent ainsi passées : pensez-vous que ceux qui ont à pleurer la perte d'un père, d'un époux, d'un frère, d'un ami, s'ils voulaient être de bonne foi, ne se retrouveraient pas avec plaisir à l'époque de 1788, sans espoir de révolution, ni de république ? et ceux qui ont perdu la moitié, les trois-quarts ou la totalité de leur fortune, pensez-vous qu'ils se trouvent amplement dédommagés par l'état actuel de la France ? mais tous ces gens-là, qui font les neuf-dixièmes de la capitale, étaient loin de prévoir où les conduirait leur pacte avec l'Assemblée ; ils ne travaillaient que pour elle : avouez, C. M., qu'elle a été bien reconnaissante, et que les parisiens (à part la gloire d'avoir fondé la république), ont grandement à se féliciter de leur conduite en Juillet 1789.

» Paris eut été saccagé, livré au pillage, réduit au tiers de ses habitans ». Il faut être bien novice en politique pour imaginer un pareil projet : je ne vous fais pas l'injure de croire que vous ayiez écrit cette phrase de bonne foi : vous avez voulu donner aux parisiens ce nouveau motif de consolation : vous vouliez qu'ils dissent ; *Le C. M. nous assure que Paris eut été pillé et saccagé : nous avons donc bien fait de défendre l'Assemblée : car enfin nous avons été pillés, à la bonne heure ; mais nos maisons existent, et la population n'est pas ré-*

duite au tiers, comme c'était le projet de la cour, puisque ainsi l'atteste le C. M., qui sûrement était dans le secret. Quelques parisiens auront dit cela sans doute, et vous vous serez bien moqué d'eux ! Un souverain anéantir de gaieté de cœur, sans nécessité, une ville qui équivaut, pour son trésor, à deux ou trois royaumes ! Allons, C. M., il est bon d'être vrai; mais il faut encore être vraissemblable.

(*Page* 13.) » Il s'est montré le gouvernement, et à la physionomie la plus terrible, il a fait succéder un visage doux et clément : il a concilié l'admiration et les suffrages ». On voit que vous écrivez à Paris : venez faire une tournée dans les départemens, dans quelques-uns du midi, par exemple; vous y verrez comment, si les intentions du gouvernement sont bonnes, elles sont dénaturées : vous y verrez des tyranneaux subalternes qui s'engraissent du sang des Français, pour qui tous les moyens de s'enrichir sont licites, qui n'opposent aux justes plaintes des administrés, que la morgue, les refus les plus insultans, pendant que la classe *privilégiée* (cela signifie les patriotes purs), jouit seule de tous les avantages d'un gouvernement ami et protecteur : vous les verrez, ces patriotes, armés publiquement, lorsque les armes sont proscrites même dans les maisons, quoiqu'on en pille journellement, qu'on arrête impunément sur les chemins et même dans les villes; vous les verrez dispensés de loger les soldats, pendant que tel citoyen en loge quatre, six, huit, douze, trente, cent (il n'y a pas d'exagération), et ne reçoit, s'il va se plaindre, que des insultes et des menaces : vous les verrez exempts d'impositions, pendant qu'elles pèsent sur d'autres avec une impudeur révoltante : vous les verrez revêtus de tous les emplois, même de ceux à caisse, qu'ils aiment de préférence, imposer arbiralement les citoyens sous les prétextes des plus frivoles, appuyer dès le lendemain leurs demandes par des garnisaires, et finalement ne rendre aucun compte de ce qu'ils ont extorqué. Le gouvernement ne peut ignorer ces vexations perpétuelles, journalières ; il ne les arrête pas : et s'il les ignore, est-ce là un gouvernement ? J'aurai occasion de revenir sur cet objet.

(*Page 24 et suiv.*) Vous citez avec complaisance l'éloge que M. Cramer fait de votre Tableau de Paris, et vous le terminez par *les témoignages de votre reconnaissance*. C'est fort bien fait ; vous lui en devez beaucoup.

(*Page 30.*) Les frères de Louis XVI avaient fait le tour de la capitale pour bien voir le plan du siège, par où entreraient les troupes, et se frottaient les mains de joie. S'il était question de Strasbourg ou de Mayence, je vous passerais de faire examiner les endroits faibles, par lesquels on pourrait attaquer ; mais, n'est-ce pas une dérision de parler d'un plan de siège pour Paris, pour une ville immense, ouverte de par-tout : eh ! bon Dieu, si l'on eut voulu, on fut entré par le premier endroit venu : si des parisiens se fussent défendus, c'eut été de leurs caves, et de leurs greniers, et non aux barrières.

(Page 4.) » Rien de plus réel, de mieux prouvé, de plus constant que la conspiration de la cour. » Cela est positif ; cependant comme des mots ne sont pas des preuves, je me contenterai de répondre, rien de *moins* réel, de *moins* prouvé, de *moins* constant que la conspiration de la cour, et nous voilà quitte à quitte : vous savez sans doute que des négatives ne se prouvent pas.

(*Même page.*) » Et quand ce nombre de républicains serait plus circonscrit que jamais, les républicains n'en seraient pas moins vainqueurs ». Il faut bien vous croire, C. M., vous parlez par expérience; la majorité de la Convention était bonne (dites-vous), excellente, probe; vous savez quel rôle a joué cette majorité du 31 Mai, au 9 Thermidor; la même chose peut bien arriver deux fois : et vous ne conviendrez surement pas que ceux qui l'emportaient avaient toujours le droit de leur côté : accordez-moi la même liberté.

(*Page 5.*) » La révolution s'est faite, parce qu'elle devait se faire ». Grande vérité, et sur-tout neuve ! » parce que la capitale était menacée par les satellites de la cour ». Il n'en est pas de même pour cette suite de phrase; j'ai dit plus haut qu'il était important pour les meneurs de persuader cette sottise aux parisiens, et les bonnes gens l'ont cru; mais le C. M. qui l'écrit, n'en croit pas un mot.

(*Page 6.*) » La cour n'avait pas su calculer que tous les argentiers et créanciers du royaume n'avaient confiance qu'au ministre Necker qui, mis en parallèle avec Calonne le déprédateur, jouissait d'une grande estime ». Les argentiers, c'est-à-dire, les banquiers, trouvaient leur compte aux emprunts de M. Necker, et l'aimaient parce qu'il leur faisait gagner de l'argent par l'agiotage et le revirement de tous les papiers. N'oublions jamais que la classe dite *à argent*, ne s'embarrasse ni du gouvernement, ni de M. Necker, ni des états-généraux, mais UNIQUEMENT de ses coffres-forts : c'est un axiome que la révolution, qui a détruit tant de choses, a laissé intact. M. Necker était un fort bon calculateur pour ses intérêts, et lorsqu'il refusait le traitement du roi (qu'il aurait dû être forcé de recevoir), il gagnait dans une opération de finance cinq ou six fois autant, et passant aux yeux des sots, c'est-à-dire, du plus grand nombre, pour le ministre le plus intègre, le plus désintéressé, pour un Colbert ou un Sully, quand il n'en était que le singe. M. de Calonne gagnant, ou si l'on veut, volant un million par an, convenait mille fois mieux à la France, qui pouvait ne pas regarder à une déprédation aussi minime, quand d'un autre côté l'administration était beaucoup mieux dirigée que par le grand, l'incorruptible Necker: et de ce côté, il n'y a que l'ignorance ou la mauvaise foi qui puissent refuser les qualités financières et administratives à M. de Calonne, dont les idées grandes, les dignes d'un gouvernement opulent, étaient fort au-dessus des projets mesquins, des emprunts ruineux de M. Necker, qui au reste, est parti, a disparu sans qu'on s'en soit apperçu; l'oubli le plus absolu a été son partage, et la vanité, l'ambition de cet homme sont telles, qu'aucune punition ne l'aurait affecté davantage : il est mort de son vivant. Il se fut couvert de gloire s'il eut refusé le ministère en 1788 : ses partisans auraient dit que s'il eut accepté, rien de ce qui est arrivé n'aurait eu lieu, qu'il eut rétabli les finances : et cette assertion n'aurait pu être combattue victorieusement; il n'a pas su résister à la vaine gloire de tenter une restauration à-peu-près impossible : il s'est noyé ; il n'a pas même aujourd'hui la faible consolation de savoir qu'on dit du mal de lui ; et comme le plus grand chagrin que puisse éprouver un être pétri de gloriole et de vanité, est de se voir oublié, cet ouvrage, s'il lui tombe entre les mains, lui fera passer un quart-d'heure agréable ; il avouera que depuis bien des années on ne s'était occupé aussi longuement de lui.

(*Page* 8.) » Le papier se laisse écrire ». Axiome, dont vous avez contribué autant que personne, à démontrer la réalité.

(*Page* 9.) » Ce fut l'échafaud

dressé (de Louis XVI) qui écarta à jamais le trône, et qui rendit tous les Français comme solidaires de la sentence qui avait été prononcée ; audace, justice, ou cruauté, la nation entière fut liée dès cet instant à une république ». Je vous demande pardon, C. M.; voici encore une phrase tracée par votre plume seule, à laquelle votre esprit n'a aucune part : c'est une jonglerie dans le genre du siége de Paris ; il fallait bien que les juges de Louis XVI liassent la France entière à leur cause ; que devenaient-ils sans cela ? Quoi ! vous pensez que tous les Français sont solidaires de la condamnation de Louis XVI ? Si c'est une action glorieuse, la gloire n'en appartient qu'à ceux qui l'ont commise, et leur générosité s'étend trop loin de vouloir la rendre commune à des gens qui n'ont rien fait pour la mériter : si c'est un crime qu'ils ont commis, pourquoi les innocens s'identifieraient-ils avec les coupables? Vous voyez donc que, dans tous les cas, cette solidarité ne peut exister; et vous y croyez si peu vous-même, que vous seriez bien fâché aujourd'hui d'avoir condamné le roi: je m'en rapporte à vous: or puisque tous les Français en sont solidairement responsables, il devient fort égal de l'avoir condamné ou non: cependant vous vous félicitez de ne l'avoir pas fait.

(*Page* 10.) » C'est en voulant détruire sans ressource le crédit et la dernière espérance des républicains, que Pitt a ébranlé la banque anglaise; son or est chez nous ». J'apprends ici deux choses dont je ne me doutais pas; l'ébranlement de la banque anglaise n'est visible sans doute que pour vous; et sur quoi fondez-vous cette opinion si extraordinaire; ses payemens sont-ils suspendus? ses actions baissent-elles? vous avez écrit cela comme vous auriez écrit: *il pleuvra demain.* Ainsi donc selon vous, l'or de Pitt est chez nous;

en vérité, à moins qu'il ne soit dans votre poche, je ne sais où il se cache; vous auriez bien dû pousser la complaisance jusqu'à nous en instruire. (*Idem*.) » Pitt a ouvert la bouche d'un Mallet-Dupan, d'un Rivarol : il en est sorti les imputations les plus absurdes, les calomnies les plus risiblement audacieuses ; les raisonnemens les plus faux et les plus contradictoires ». J'ignore si c'est Pitt qui leur a ouvert la bouche, ou s'ils l'auraient ouverte sans lui; je sais seulement qu'à l'exception de Pitt, qui ne vous a pas ouvert la bouche, ces écrivains-là disent d'un *Mercier* etc., tout ce que vous dites d'eux ; je ne discuterai pas ici lequel a raison dans le fond : quant à la forme, je suis fâché de vous dire que l'avantage n'est pas de votre côté ; mais vous êtes connu pour mettre peu d'importance au style : en effet, à quoi sert d'écrire en si bon français, lorsqu'on débite des vérités aussi grandes, aussi philosophiques ! le temps qu'on perdrait à limer un volume, est bien mieux employé à en publier quatre de plus : le proverbe dit : *pauca, sed boha* : sottise : il faut écrire, écrire, et jamais moins de six volumes à la fois ; n'est-il pas vrai, C. M.! Si nous ne pouvons convertir les gens, ma foi, nous les assommerons ; cela reviendra au même.

(*Page* 13.) » Tous les écrits de Brissot, portent l'empreinte d'une ame pure, et l'on ne doit pas s'étonner s'il fut lié d'amitié avec Roland, cet homme intègre, qui fut calomnié comme lui ». La belle oraison funèbre ! je vous la passe, parce qu'elle ne ressuscite pas vos protégés.

(*Page* 14 et 15.) » Pitt fit recommencer la révolution : il paya tous les hommes pervers qui tenaient le sabre ou la plume : il envoya de tous côtés ses émissaires : il commanda à Paris les journées du 10 Mars, du 31 Mai et du 3 Octobre 1795... il fit encore les soulèvemens successifs de Germinal et de Prairial an 3, et n'ayant que des demi-succès, il tenta l'audacieuse et désespérée conspiration de Vendémiaire. Vous avez bien raison, G. M., quand vous dites *que le papier se laisse écrire* : voilà une plaisante conspiration, et, sur-tout bien audacieuse : une masse de citoyens sans chef, sans munitions, sans plan quelconque, parcourant dans tous les sens les rues de la capitale, ignorant où ils allaient, et ce qu'ils voulaient faire ; foudroyée par cinquante bouches à feu, qui l'écrasaient en détail, par-tout où elles pouvaient l'atteindre ; trois ou quatre mille hommes hors de combat dans deux heures, le reste regagnant son asile qu'il a quitté sans savoir pourquoi. Ce fut-là cette grande, cette éclatante victoire du 13 Vendémiaire ! Un massacre, où les vainqueurs ne perdirent pas dix hommes, qui peut-être ne furent pas frappés par les troupes sectionnaires. Qu'un tel triomphe est beau ! Qu'il est noble, que les héros d'une pareille journée doivent en être glorieux ! Vous avez omis, C. M., le seul côté moins défavorable de ce affreux évènement ; c'est que le 13 Vendémiaire correspond au 5 Octobre, et s'il n'avait immolé parmi les parisiens, que les hommes du 5 Octobre 1789, on pourrait se dispenser de gémir sur leur sort ; mais hélas ! il n'en est rien, ces gens-là se rangent toujours du bon côté.

(*Page* 16.) » Immortelle journée du 18 Fructidor ; c'est ta clémence qui a montré ton pouvoir ». En effet, quoi de plus clément, que de proscrire une centaine de représentans du peuple ou de journalistes ; d'envoyer au bout de la France, *dans des cages de fer*, ceux qu'on peut saisir, de les abreuver d'outrages de tout genre, avant de les amonceler sur un sol perfide, ou plus de la moitié doit périr par un supplice, mille fois plus affreux, que celui, qu'on ose se vanter, de leur avoir épargné en France ! Quelle clémence que d'avoir peuplé pendant deux ans les déserts de la Guiane de malheureux, qui ne devaient plus revoir leur patrie ; d'avoir expulsé subitement une foule de français, portés sur les listes d'émigrés, souvent par la seule vengeance d'un ennemi obscur, ou la scélératesse du dernier commis d'un département, gagné par quelques écus ; d'avoir contraint de fuir des gens, qui n'étant jamais sortis du territoire français, se reposant sur leur innocence, attendaient paisiblement qu'il plut au Gouvernement de les rayer de la liste fatale. Quelle clémence, après avoir expulsé ces malheureux, sous peine de mort, que de saisir tous leurs biens, et de les réduire à la mendicité, eux absens et leurs familles demeurées en France ! Quelle clémence que d'avoir peuplé la France de commissions militaires, et par conséquent de *fusillades* ! D'avoir entassé dans les prisons des milliers de citoyens, sans jugement, et de les y avoir laissé gémir des mois, des années ! etc. etc. Voilà pourtant les suites de cette *immortelle* journée, dont la *clémence* fait votre admiration ! Hélas ! on n'attend pas de clémence d'un gouvernement tel que le nôtre, on n'a de droit qu'à la stricte justice, heureux si on l'obtenait. Ah ! C. M., que vous vous connaissez peu en *clémence* et en *immortalité* !

(*Page* 16.) » Tous ces efforts contre la France, (il est question de la coalition) mettent à nud la faiblesse d'un gouvernement ennemi, (l'Angleterre) il se trouve isolé, ce n'est plus qu'une puissance du troisième ordre ; sa position géographique a surpris une sorte d'admiration qui va cesser ». Je ne vois pas comment cette faiblesse est mise à nud, par les efforts des autres puissances que l'Angleterre sollicite ; elle sait bien qu'elle ne peut attaquer la

France par terre ; il faut donc qu'elle attache à ses intérêts des puissances continentales : ce qu'elle a pu faire, c'est de ruiner notre marine et notre commerce ; or, de ce côté je ne pense pas, C. M., que vous ayiez de grands reproches à lui faire, elle a travaillé en conscience. Vous l'appellez puissance du troisième ordre, il fallait ajouter *par mer*, et la phrase eut été complétement risible. Comment une puissance dont le commerce embrasse les quatre parties du monde, qui seule, pourrait balancer, avec avantage, les forces navales de l'Europe entière ; qui possède en Asie, des royaumes presque aussi peuplés que la France, qui, sans perdre la confiance, a trouvé le moyen de solder plusieurs Souverains, et de les lier à sa cause ; comment une telle puissance peut-elle être dite du troisième ordre ! Que l'esprit de parti est un mauvais guide, et fait dire d'absurdités ! On a admiré, dites-vous, la position géographique de l'Angleterre ; je ne sais ce que vous y trouvez d'admirable ; car enfin, c'est une isle comme une autre, et alors il faut admirer la Corse, la Sardaigne, etc. Vous avez voulu dire, peut-être, qu'elle devait à sa position géographique, la durée de son gouvernement ; à la bonne heure. Je crois aussi qu'elle y entre pour beaucoup ; mais comme cette position géographique n'est pas près de changer, je crains que les effets qu'elle produit, ne continuent encore long-temps.

(*Idem.*) « Voici le terme de leur charlatanisme ; voici le moment où le pied du Français débarquant sur ses côtes, va ordonner l'abaissement de leur usurpation, et rendra à toute la Société politique ses droits violés. » Sans croire ainsi que vous ce terme si proche, je conviens de la possibilité de la réussite, et je suis convaincu que c'est l'unique moyen de réduire cette Puissance du *troisième Ordre.* Si les hommes et les millions si impolitiquement employés à l'expédition d'Egypte, l'avaient été à une descente en Angleterre, peut-être que la guerre serait terminée ; au moins, est-il sûr, que la France n'aurait pas perdu plus d'hommes, plus d'argent, plus de vaisseaux, et ne verrait pas une rupture éclatante avec la nation qui observe le plus fidèlement ses traités, et dont l'alliance ou au moins l'amitié était, sous tous les points de vue, la plus utile. Un débarquement heureux en Angleterre, rendrait véritablement à la Société politique ses droits violés ; mais C. M. ne vous appesantissez pas sur ces droits : les Anglais profitent de leur empire sur les mers : ou ils ont raison, parce qu'ils sont les plus forts, ou les Français ont eu tort d'envahir Nice, la Savoie, la Rive gauche du Rhin, etc. Quels ont été ses droits pour les occuper, la force ? Quels sont ses droits pour les garder, la force ? Eh bien, les Anglais conserveront la suprématie des mers, jusqu'à ce qu'on la leur ôte, comme nous ferons des pays conquis.

(*Page* 18.) « Notre ancien gouvernement était despotique, avilissant. » Si par *despotique*, vous entendez celui où un monarque gouverne en maître, ce que l'on a jusqu'à présent nommé monarchie, vous avez raison : *avilissant* je le nie, ou il faudrait convenir que celui d'aujourd'hui l'est aussi : car vous obéissiez à Louis XVI et à ses ministres ; n'obéissez-vous pas aux Consuls et aux ministres ? Il pouvait vous faire arrêter, emprisonner.... Ne le peuvent-ils pas ? Louis XVI consultait son conseil, et ne suivait pas ses avis s'ils ne lui plaisaient pas : il faisait la paix, la guerre, nommait à toutes les grandes charges civiles et militaires, destituait ceux dont il était mécontent ; le tout sans en rendre compte qu'à Dieu. Quelle différence trouvez-vous entre ces prérogatives, et celles que la Constitution

titution accorde au premier Magistrat de la République : or je veux que les deux gouvernemens soient également despotiques, puisqu'il est reconnu que le despotisme consiste non dans l'abus qu'on fait de la puissance, mais dans celui qu'on peut en faire : donc si l'ancien gouvernement français était avilissant, le nouveau l'est aussi : c'est une vérité palpable, dont vous-même C. M., conviendrez intérieurement, peut-être, pas tout haut, parce que je me suis apperçu, que le philosophe était devenu flagorneur : *honores mutant mores*. Pour moi, je suis de meilleure foi que vous, je ne les trouve avilissans ni l'un ni l'autre.

(*Page* 24.) « Les invectives grossières versées sur le parti de la Gironde, cet acharnement contre des hommes irréprochables, ont fait les Collot-d'Herbois, les Carrier, les Lebon et autres. » Vous êtes girondin, C. M., à la bonne heure ; je vous aime mieux girondin, que terroriste; mais pensez-vous avoir démontré, par-là, que ce parti fut irréprochable, qu'il rassemblât en lui toutes les vertus ? Vous vous abuseriez étrangement. Il est, sans doute, très-fâcheux pour la France, que le parti de la Gironde ne l'ait pas emporté le 31 Mai : les flots de sang qui l'ont inondée, n'auraient pas coulé. Voilà *uniquement* ce qui a pu exciter les regrets sur leur perte : comparés à de plus grands scélérats, ils le paraissaient moins, cela est simple. Vous vous plaignez qu'on ait confondu Marat et Condorcet, Brissot et Robespierre; on a eu tort, Brissot et Condorcet étaient encore préférables aux deux autres, j'en conviens; observez que je ne parle ici, ni des talens, ni des connaissances; mais seulement du moral, des qualités du cœur, de ce qui constitue l'homme probe, vertueux.

(*Page* 32.) « Je suis donc fondé à dire, qu'il ne faut point chercher les causes de la révolution, dans des faits éloignés ». Vous pouvez le dire, sans être plus fondé pour cela : à vous entendre, si le Prince de Lambesc ne fut pas entré à cheval dans les Thuileries, le 12 Juillet 1789, la révolution n'eût pas eu lieu. Vous êtes bien peu instruit, si vous ignorez que plusieurs jours avant cet évènement, tous les membres du côté gauche de l'Assemblée, disaient à qui voulait l'entendre, que la révolution était faite, et qu'il n'y avait plus à Versailles la possibilité de s'y opposer ; sans adopter tout-à-fait la dernière partie de cette opinion, je pense, qu'en effet, l'impulsion était donnée bien avant le 12 Juillet : ce jour a fixé l'époque du mouvement général ; si ce n'eut pas été ce jour-là, c'eut été le lendemain, et au lieu du Prince de Lambesc, c'eut été autre chose ; car il est bon de dire, que le Prince de Lambesc n'a pas *frappé la tête chauve d'un vieillard dé-*

sarmé, comme vous le consignez formellement dans votre ouvrage, mais le bras d'un homme qui saisit la bride de son cheval, et le mouvement qu'il fit, est naturel dans un cavalier qui a le sabre à la main : une sentinelle qu'on saisirait au collet, frapperait l'aggresseur, et aurait raison : ici le tort du Prince n'est pas d'avoir frappé, c'est d'être entré militairement dans un lieu public, qui devait être un asile sacré.

(*Page* 35.) « Les courtisans opérèrent la disgrace des Malesherbes, des Necker ». Vraiment vous vous plaignez, que l'on confond Brissot et Condorcet avec Robespierre et Marat : je vous assure que l'accolade que vous faites là est bien autrement révoltante.

(*Idem.*) » Le Directeur général se contenta d'opposer aux courtisans une *superbe* conscience et un profond mépris ». D'abord je trouve M. Necker bien hardi, d'oser mépriser quelqu'un; ce rôle est permis à fort peu de gens, et assurément il n'est pas du nombre : quant à la *superbe* conscience, c'est une expression à vous, C. M., dont je rirai long-temps ; la *superbe* conscience de M. Necker ! Quel langage ! Combien le grand homme doit être flatté de cette épithète créée pour lui ; car je ne pense pas qu'on ait jamais employé ces deux mots ensemble avant vous.

(*Page* 44.) » On s'étonne de ce qui se passe aujourd'hui ; mais la démence et la durée de l'ancien régime, *est une chose encore bien plus étonnante.* » Ma foi, cela étant, il est permis de s'étonner des deux ; de plus, on s'accoutume à ce qui a duré 800 ans, quelque extraordinaire que ce soit ; dans quelques siècles on sera fait à ce qui se passe, et tout paraîtra fort simple. En attendant, permettez-nous une légère surprise, je vous en supplie.

(*Page* 50.) » Comment un Journaliste peut-il se relire lui-même, sans rougir de ce qu'il a écrit ». En vérité, je ne le conçois pas ; mais les Journalistes ne sont pas les seuls dans ce cas : relisez-vous, si vous en avez le courage, et vous m'en direz des nouvelles.

(*Page* 51.) » Du moins nos fautes ont été réparables, et la machine ne s'est pas écroulée entre nos mains ; tour-à-tour battus et battans, nous n'avons eu ni chef ni dictateur, et dans la mêlée sanglante les scélérats ont péri avec quelques gens de bien : après une bataille on enterre les morts ». Voilà bien la vraie philosophie, le stoïcisme parfait. Selon vous, il a donc péri *quelques* gens de bien : nos fautes ont été réparables ; cela prouve-t-il qu'elles sont réparées ? Vous prenez votre parti très-facilement, ce me semble, et vos pauvres girondins, vous les comptez, sans doute, parmi les *quelques* gens de bien ; et puis vous vous en consolez, en pensant qu'on les a enterrés ; et vive la joie.

(*Page* 52.) » Avant la révolution, Monsieur frère du Roi, *malgré le poids énorme de son individu*, faisait de l'esprit ». Vous n'en faites pas dans ce moment, C. M. Pourquoi avec la prétention d'être lû, d'être prôné, hasardez-vous de telles platitudes ? Est-ce qu'un gros homme est obligé d'être un sot ? Faut-il pour avoir de l'esprit être un squelette ambulant ? S'agit-il du prix de la course ? Rayez ces mots, croyez-moi, dans votre prochaine édition, si vous réimprimez ce petit chef-d'œuvre.

(*Page* 70.) » Lorsque les fédérés furent arrivés, (le 14 Juillet 1790) on vit la plus solemnelle fédération, le plus beau triomphe des peuples, un jour enfin d'alliance, d'étonnement, d'admiration et d'attendrissement ». Ajoutez et d'ennui : je ne crois pas qu'il soit possible, de rien voir de plus long, de plus froid, de plus triste. Si la cérémonie n'eut pas fini, les fédérés couraient risque de rester seuls : deux ou trois cent mille individus mouillés, excédés de faim et de fatigue, soupirant après le moment où il leur serait permis de regagner leur domicile : voilà ce que j'ai vu de neuf heures du matin, à cinq du soir.

(*Page* 71.) » Jamais la cour des Rois, n'a offert un spectacle aussi majestueux». Si la majesté consiste dans le nombre des spectateurs, cela est vrai ; on ne voit, nulle part, trois cent mille personnes rassemblées dans un aussi petit espace.

(*Page* 72.) » Louis XVI s'est détrôné lui même, et par sa fuite honteuse, vingt millions d'habitans qu'on appellait francs par une sorte de dérision, d'esclaves qu'ils étaient, se sont trouvés libres, comme par une espèce de prestige ». C'est-à-dire, que la veille du départ du roi, les français n'étaient pas aussi libres qu'ils l'ont été le lendemain : celui-là n'est pas mauvais ; et en quoi, je vous prie, le roi s'opposait-il à leur liberté ? les empêchait-il d'aller, de venir ? Lui-même, lorsqu'il voulut partir pour St.-Cloud, en Avril 1791, par conséquent avant sa fuite, le put-il ? Allons, C. M., ou vous rêvez, ou vous mentez. Avant son départ comme après, le seul esclave en France était Louis XVI : laissez débiter des impostures aussi grossières à ces journalistes, dont la feuille quotidienne tue à-jamais celle de la veille. Vous écrivez pour la postérité, ne la trompez pas.

(*Page* 86.) » Quelle que soit l'horreur que m'inspirent les massacres de Septembre 1792, je les rappellerai sans cesse aux parisiens, jusqu'à ce qu'ils ayent eu le courage d'en demander vengeance ». Vous prenez là une furieuse tâche. Je vous réponds, que vous les leur rappellerez toute votre vie.

(*Page* 104.) » Quant on songe que c'est sous cette constellation sanglante, (des massacres de Septembre) que commencèrent les travaux de la Convention nationale, on doit honorer le courage de ceux qui acceptèrent ce fardeau ». Je suis loin d'honorer aucun de ces gens-là ; les uns avaient participé aux massacres, ou les approuvaient ; les autres ne virent que la chaise curule, que le siège de Législateur ; l'ambition, la vanité, firent taire tout autre sentiment ; aucun ne sentit la difficulté de l'entreprise ; aucun ne prévit les horreurs dont il deviendrait témoin et complice ; tous acceptèrent un emploi impossible à remplir pour l'honnête homme ; et l'évènement ne l'a que trop prouvé.

(*Idem.*) » La très-grande majorité de la Convention ne voulait marcher, que dans les sentiers de la justice et de la vertu ». Voilà qui vient à l'appui de mon assertion. Quoi ! la très-grande majorité de la Convention était probe, et elle a souffert que pendant quinze mois on égorgeât les français sous son nom ; elle a souffert la banqueroute , le pillage , la destruction ; et quoique vous puissiez dire , C. M. , il faut bien que cette majorité si vertueuse ait sanctionné ces horribles décrets ; vous pensez l'excuser , en disant qu'elle a cédé à la crainte , qu'elle a été subjuguée par une poignée de scélérats, (et c'est-là sa seule défense). Croyez-vous qu'elle ait lieu d'être satisfaite ? Vous ne concevez pas de quel opprobre vous la couvrez ! Des hommes chargés de gouverner la France, de la régénérer, de la rendre heureuse, sont réduits à chercher dans une terreur servile, dans une lâcheté honteuse, l'excuse des forfaits qu'ils ont partagés ! Quel comble d'avilissement et d'ignominie ! C. M. , l'honnête homme qui veut continuer de jouir de ce beau titre, s'il se voit invinciblement subjugué par des scélérats, les abandonne, se retire, et jamais ne devient leur complice même en apparence : car ne vous aveuglez pas, la postérité confondra ceux qui ont fait le mal, avec ceux qui l'ont laissé faire, et la postérité sera juste.

(*Page* 121.) » La Convention termina sa session par la plus importante des victoires. (Le 13 Vendémiaire) » Il est dit plus haut, ce qu'a été cette importante victoire : le massacre de quelques milliers de parisiens trompés, et hors d'état d'opposer la moindre résistance, encore moins d'attaquer la Convention, comme elle a eu l'air de le craindre.

(*Idem.*) » La Convention créa la liberté en ouvrant sa session ; elle ne se retira qu'après l'avoir sauvée. Voilà ce qu'elle pourra opposer à ses ennemis, à ses détracteurs ». Ah ! nous n'avons joui de la liberté qu'en Septembre 1792 ! Et qu'avons-nous eu à la place depuis 1789 ? La Convention a donc sauvé la liberté, en massacrant les malheureux parisiens, qui le 1er. prairial précédent, avaient eu la bonhomie de la sauver elle-même. Quelle récompense ! C'est-là ce qui doit fermer la bouche à ses ennemis et à ses détracteurs ? En effet, il n'y a rien à répondre, si ce n'est que ces ennemis la blâment précisément, de ce qui doit leur fermer la bouche : ainsi le but est marqué. » La prévention, l'animosité pourront aveugler les contemporains ; mais la postérité lui rendra justice ». Je l'espère, et je crains fort que cette justice ne paraisse bien sévère à ceux qui s'intéressent à elle.

(*Page* 123.) » Quoique mal dirigés, nous avons résisté à l'Europe entière ». Style oriental ! Une partie de l'Europe n'a jamais été contre nous, et jamais tous nos ennemis n'ont agi de concert. Il fallait ajouter que mal dirigés, nous avions résisté à une partie de l'Europe encore plus mal dirigée. Alors la phrase eut été vraie et croyable, au lieu que la vôtre est fausse et invraisemblable.

(*Page* 130.) » Les jacobins aveuglés par la haine et la férocité de leur caractère, aimèrent mieux le despotisme de Henriot, le chapeau sur la tête et l'insolence sur le front, que les vertus de Vergniaud, de Gensonné, de Barbaroux, de Brissot ». Oui, que les vertus de la Gironde : je vous répéterai, C. M., que la défaite des girondins a été un très-grand malheur pour la France, par la seule raison qu'il est plus fâcheux de tomber entre les mains des gens qui tuent, qu'entre les mains des gens qui ne tuent pas ; c'est l'unique différence qui existe entre ces deux partis. C'est bien quelque chose, dira-t-on ; oui, sans doute, mais encore y a-t-il loin d'un homme qui n'assassine pas, à un homme vertueux.

(*Page* 131.) » Qu'on ne dise pas que la journée du 9 thermidor a sauvé ces députés républicains. Les 73 députés qui seuls avaient fait leur devoir et protesté contre l'anarchie, languirent encore dans les prisons pendant près de quatre mois ». Beaucoup de français, qui vous valaient, (Je parle à tous les députés probes,) y ont langui tout autant. De quoi vous plaignez-vous ? Il fallait après la journée du 31 Mai, bien consolidée, notifier à vos Commettans, l'impossibilité où vous étiez de faire le bien, abandonner un poste, où vous deviez coopérer (malgré vous) à des crimes journaliers ; à l'affreuse loi du 17 Septembre, par exemple : vous avez échappé à la proscription, C. M., avec 72 autres, tant mieux pour vous ; mais soyez assuré que si la hache qui a frappé vos 22 *vertueux* compagnons vous eut tous atteint, vous seriez moins plaints que blâmés.

(*Page* 136.) » Le château de Versailles resté debout, donna de l'audace à tous les esclaves de la Cour, et alimenta leur perfidie ». Quelle pauvreté ! » J'oserai dire que la vue de ce palais, a nourri constamment l'espoir des puissances coalisées, en apprenant qu'il était soigneusement entretenu, et presque dans son ancienne splendeur ». Ces puissances coalisées, au défaut de Versailles, auraient nourri leur espoir des autres maisons royales et sur-tout du Louvre, qu'il fallait donc aussi détruire pour le faire évanouir. Où nous entraîne, quelquefois, la manie de dire ce que personne n'a dit ! » Les Princes étaient parvenus à faire croire à la multitude, que le Roi n'était qu'absent et à la chasse ». Pour le coup, ceci devient trop fort, pour qui prenez-vous vos lecteurs ? A quelle multitude a-t-on pu persuader cela ? ce n'est pas à celle de Versailles, sans doute, dont les neuf dixièmes avaient accompagné le roi à Paris, et s'étaient convaincus par leurs yeux qu'il n'allait pas à la chasse ; si vous parlez de la multitude de la Chine ou du Japon, à la bonne heure.

(*Page* 137.) » Il aurait fallu frapper l'esprit des peuples par cette grande destruction, disposer au loin les matériaux de ce superbe palais, en bâtir une petite ville ». Eh mon Dieu ! épargnez-en la façon de cette petite ville. Logez dans ce château qui vous voudrez, puisqu'il devient inutile, mais ne renversez rien. Vous avez un goût de destruction, dont nous parlerons plus bas, qui, soit dit sans vous offenser, me paraît très-peu philosophique ; votre vœu a été rempli à Lyon ; l'on n'y a pas abattu de palais, mais les édifices particuliers les plus remarquables : *on a frappé l'esprit des peuples par la destruction* des maisons opulentes ; cette opération est appréciée aujourd'hui comme elle mérite de l'être. Vous prenez bien votre temps pour prêcher un pareil système ; que vous connaissez peu les hommes, si vous croyez qu'ils auraient été frappés (comme vous l'entendez) par la démolition de Versailles ! Quelques-uns auraient pu envisager la chose comme vous. Le très-grand nombre pour lequel vous auriez travaillé, n'y aurait vu qu'une destruction inutile, coûteuse, qu'un acharnement ridicule contre une masse de pierres, et votre but n'eut jamais été rempli.

(*Page* 140.) Ce courage préludait aux victoires, qui en Allemagne et surtout en Italie, ont décidé que la grande nation était faite pour se gouverner elle-même ». Ce n'est pas ici le moment d'examiner ce que nous ont coûté ces victoires, et si elles n'ont pas été payées fort au-delà de leur valeur; au surplus, des victoires multipliées prouvent, seulement, qu'avec beaucoup d'argent et beaucoup d'hommes, un grand peuple peut soutenir la guerre avec honneur. Ces victoires ne démontrent pas, que l'intérieur de l'état soit bien gouverné; ou il faudrait avouer, que pendant les longs succès de Louis XIV, le gouvernement intérieur de la France a mérité des éloges. Ce n'est pas votre intention, C. M., et je vous dirai franchement que ce n'est pas la mienne. Les plans de campagne seront bons si le ministre est habile, ou bien conseillé : les armées seront souvent victorieuses, si elles sacrifient les hommes sans scrupule ; et avec tout cela l'état pourra n'être pas intérieurement très-bien administré. C'est-là une vérité palpable, dont je vous prierai de me dispenser de fournir la preuve.

(*Page* 141.) » L'autorité royale avait été véritablement avilie par l'histoire du collier ». Cette grande affaire du collier n'était, au fond, que la misérable jonglerie d'un charlatan, qui dupe un grand seigneur ridiculement crédule ; ce qui démontre, jusqu'à l'évidence, malgré les libelles atroces publiés dans le temps, que la conduite de la reine dans cette affaire fut irréprochable, ou pour mieux dire, qu'elle n'y fut pour rien, c'est que depuis la révolution, il n'en a plus été question. Pourrait-on nier que si les torts qu'on lui a attribués avaient eu l'ombre de la vraisemblance, on ne se fut empressé de citer, de nouveau, cette princesse au tribunal de l'opinion publique, dans un temps où tout se disait, s'imprimait, où celui qui attaquait les grands avait très-bien mérité de la patrie ? Eh bien ! le silence de la France, a réduit à leur valeur ces soupçons injurieux. Il n'est résulté de cet évènement que la certitude de la crédulité du Cardinal, de l'astuce et de la friponnerie, ou de la bêtise de Cagliostro, de Madᵉ. de la Motte, et autres impliqués dans l'affaire. Il n'y a rien là d'avilissant pour la Cour, (c'est-à-dire pour la reine seule compromise) à moins qu'il ne soit avilissant d'avoir vu planer sur sa tête des soupçons que rien n'a justifiés.

(*Page* 144.) » La capitale, soit par sa masse, soit par un sentiment de sa force, s'est toujours crue inattaquable, à l'abri de tous les revers des combats ». Ce n'est aucune de ces deux raisons qui a tranquillisé les parisiens : ils ont méprisé un danger dont ils n'avaient nulle idée ; ils ont cru que ce qui n'était jamais arrivé, n'arriverait pas. L'apathie, l'insouciance, qui forment essentiellement le caractère des neuf dixièmes de la capitale, leur ont permis d'attendre paisiblement le résultat des évènemens, sauf à la quitter si les ennemis y entraient. Les gens sensés qui sont toujours le petit nombre, connaissaient la faiblesse de leurs moyens de défense, et en riaient, non pas comme vous le dites, *parce qu'on n'oserait jamais attaquer la grande ville*; mais parce que la grande ville n'était pas *défendable*, si on l'attaquait serieusement. La suite de cette page vient à l'appui de mon opinion : vous avouez que ce peuple » ne fut profondément intimidé, ni par le repas des gardes du corps, (qui à la vérité n'était pas effrayant) ni par la fuite du roi, qui semblait dissoudre tout gouvernement, ni par la prise de Verdun, ni par les manifestes de tous les rois de l'Europe ; qu'il fut impossible de faire entrer chez lui la terreur de l'ennemi, qu'il ne l'aurait pas connue LA TERREUR sans la tyrannie décemvirale ». Et vous voudriez nous persuader que le peuple qui a courbé la tête sous le joug affreux de Marat et de Robespierre, qui s'est prosterné aux pieds des plus vils scélérats que la terre ait produits, dont une poignée de factieux a enchaîné jusqu'aux pensées ; vous osez avancer qu'un peuple capable de cet excès de lâcheté, s'est reposé sur le sentiment de sa force, pour mépriser les tentatives du dehors ! Non, C. M., la contradiction est trop choquante : il m'est démontré que l'avantgarde des armées étrangères, eut réduit les parisiens sans combattre ; et j'ajouterai, que l'histoire les aurait absous plus facilement, d'avoir cédé à cinquante mille bayonnettes autrichiennes ou prussiennes, qu'à deux mille poignards jacobins ; c'est, pour me servir de votre expression favorite, *ce qu'il fallait démontrer.*

(*Page* 160.) » Henri Mazers de Latude, délivré de la bastille par miracle, le 16 Juillet ». Quoiqu'il soit assez indifférent, dans le fond, que M. de Latude ait été du petit nombre des prisonniers délivrés par la prise de la bastille, ou non, cependant la célébrité que cet homme doit à ses longs malheurs et à son évasion miraculeuse, ne permet pas d'ignorer qu'il a été remis en liberté bien long-temps avant l'époque que vous fixez. Il a été libre en Avril 1784, et c'est ce dont vous auriez dû vous informer, avant de consigner ici l'article qui le concerne.

(*Page* 161.) » Michel le Pelletier avait voté, d'après sa conscience, la mort du roi, un ancien garde du corps cherchait le duc d'Orléans, dans le dessein de le poignarder, ne le trouvant pas, il entra chez un restaurateur, et ayant appris qu'il y avait-là un représentant du peuple qui avait aussi voté la mort du roi, il paya pour le duc d'Orléans ». Voilà votre version, voici la mienne. Michel le Pelletier avait solemnellement promis qu'il ne condamnerait pas le Roi, avant l'appel nominal. Le duc d'Orléans *éclaira* sa conscience, et le réunit à son parti. C'est ce parjure qu'on punit, et le garde du corps voulut poignarder Michel le Pelletier, et non le duc d'Orléans. Comme ni vous ni moi, n'avons de preuves palpables pour étayer notre opinion, appellons le bon sens, le raisonnement, la vraisemblance, et les lecteurs décideront de quel côté ils sont. Si le garde du corps avait réellement eu en vue le duc d'Orléans, était-il naturel qu'il se bornât à une recherche aussi légère, qu'il ne la continuât pas le lendemain, le surlendemain? Car enfin,

enfin ce prince, quoique couvert d'opprobre, d'infamie, n'était pas, malheureusement pour lui, devenu invisible; était-il naturel que l'assassin abandonnât un projet formel pour n'avoir pas trouvé sur le champ sa victime ? qu'il lui substituât le premier venu, qui n'était pas plus coupable que trois cents autres individus dispersés dans la capitale ? qu'il renonçât par cet assassinat, à commettre celui qu'il avait projetté, puisque la fuite, s'il était assez heureux pour échapper au glaive des lois, devait l'éloigner à jamais des lieux habités par le duc d'Orléans ? non, tout cela n'est ni vraisemblable ni vrai. Voulez-vous une autre version qui n'est pas la moins naturelle ? le parti dominant alors, voulut, selon bien des gens, exalter les têtes, les étourdir sur le supplice de Louis XVI, appitoyer les esprits sur le sort qui, disait-on, attendait les fondateurs, les vrais amis de la république : il faut con-

C

venir que la pompe funèbre de Le Pelletier, les discours prononcés en son honneur, en tout, le hideux spectacle qu'offrit cette cérémonie ; tout confirma ce que tant de gens avaient soupçonné, que les jacobins gémirent sur la tombe de celui qu'ils avaient assassiné : cette manœuvre s'est renouvellée plusieurs fois dans la révolution : vous prendrez de ces deux versions celle qui vous conviendra, et vous renoncerez à la vôtre, qui pêche essentiellement contre le sens commun.

(*Page* 164.) « On regarde aujourd'hui comme un conte tout ce qui a été dit sur l'arrestation et sur la mort prétendue de l'assassin de Le Pelletier ». Je pense comme vous ; en effet, quel parti serait intéressé à le découvrir et à le punir ? Les jacobins, s'ils n'ont pas ordonné le crime, en ont profité, et l'autre parti le lui a pardonné.

(*Page* 165 *et suiv.*) Ce 30°. chapitre qui traite du Panthéon, n'est pas un des moins plaisans de votre ouvrage : vous vous plaignez d'une manière très-divertissante, de ce que le dôme n'est pas encore tombé. « Le dôme du Panthéon écroulé et renversé sera bien plus pittoresque que le Panthéon tel qu'il est : l'amateur frémira de mes paroles, et criera au vandalisme : le philosophe les entendra et les appréciera ». Non, ce n'est pas au vandalisme que l'amateur criera ; car les vandales, ou si vous l'aimez mieux, les jacobins qui ont renversé les châteaux, les édifices de Lyon, de Marseille, etc., n'ont pas prétendu créer des ruines plus pittoresques, plus imposantes que les édifices dans leur entier ; ils ont voulu détruire, et voilà tout : ainsi au lieu de vandalisme, mettez.... oh ! je ne veux pas achever, cela ne serait pas poli. Vous assurez que le philosophe appréciera vos paroles : oui sans doute ; mais les appréciera-t-il comme vous l'entendez ? cette tournure est une petite ruse bien usée ; elle vous laisse la faculté de dire à celui qui aura le malheur de préférer le Panthéon debout au Panthéon détruit : *vous n'êtes pas philosophe ; vous ne m'entendez pas.* Et si l'on vous demandait le nombre, et sur-tout les noms de ces philosophes dont le suffrage vous semble assuré, vous seriez furieusement embarrassé.

(*Page* 166.) « Mais après tout, ces pyramides, ces temples antiques, ce St. Pierre de Rome, ce St. Paul de Londres, que sont-ils, sinon des monumens de l'impuissance humaine?... Pauvre petit Panthéon auprès du Mont-St.-Gothard » ! Et vous ne voulez pas qu'on rie de telles extravagances ; vraiment cela est impossible : ainsi les monumens les plus vantés, soit anciens, soit modernes, ne sont rien, parce que le Mont-St.-Gothard, ou les sommets des Alpes sont infiniment plus hauts, plus majestueux, plus durables;

en partant de ce principe, on vous dira : pauvre petit Mercier auprès d'un éléphant ou d'une baleine ! et remarquez qu'ici l'un et l'autre sont l'ouvrage du Créateur, au lieu que dans le rapprochement précédent, l'un des deux est l'ouvrage de l'homme : il doit donc perdre à la comparaison.

(*Page* 167.) « Je me suis jeté dans les escaliers de l'édifice, à travers les échelles, la poussière des plâtres, les marteaux, les longues scies, et les échafauds mouvans et suspendus à des cordes blanchies ». Ne dirait-on pas qu'il est question d'une ville prise d'assaut ; que vous vous êtes *jeté* dans les redoutes, à *travers* les canons, la fumée de la poudre, les bayonettes, les *longues* piques, etc., et ce qui ajoute encore au piquant de la comparaison, c'est la crainte que vous manifestez de la chute du dôme, dans l'instant même que vous le visitiez.

(*Page* 169.) « En sortant de l'édifice, j'éprouvai le plaisir qu'éprouvent les matelots et les guerriers à la suite des tempêtes ou des combats, celui de me sentir vivant ; et pourquoi étais-je allé visiter cet édifice ? pourquoi ? parce qu'on m'avait dit qu'il y avait du péril ». Vous devez être pleinement rassuré sur le danger que vous avez couru ; et selon toute apparence, malgré la chute prochaine de l'édifice, vous aurez encore le temps de le visiter plus d'une fois, et de vous applaudir d'avoir échappé à un péril épouvantable : vous terminez le chapitre par dire : « Je crains de m'ennuyer, si je ne vais quelquefois chercher des dangers sous le dôme chancelant du Panthéon ». On ne peut finir plus plaisamment : je vous souhaite, C. M., de ne jamais courir de danger plus réel : vous avez passé l'âge de la réquisition ; car je vous avoue franchement que je vous croirais une pauvre acquisition pour nos armées : l'homme qui se félicite d'être sorti sain et sauf d'un édifice qui durera plus que lui, serait mal placé dans une tranchée, ou sous une batterie de canons ; qu'en dites-vous ?

(*Page* 172.) Le court chapitre de l'insurrection est fait pour égayer vos lecteurs, que quelques tableaux un peu rembrunis ont pu attrister : vivent les écrivains qui offrent toujours le remède à côté du mal ! c'est une petite scène piquante, délicieuse !... Il n'en est pas de même du chapitre 33°., page 174 : c'est un mauvais conte rechauffé, qu'on trouverait déplacé dans un ouvrage où il ne serait pas reconnu qu'il peut y avoir de tout.

(*Page* 179.) « La création du papier-monnaie, en augmentant les allarmes, fortifia l'espoir des exécrables auteurs du pacte de famine, exécuté et prolongé depuis avec autant d'astuce que de barbarie ». C'est-à-dire, que le papier-monnaie fut un mal : une opération qui produit les effets que vous avouez, ne saurait être avantageuse : ailleurs vous préconisez cette même création : c'est le moyen d'avoir tout le monde de votre avis.

(*Page* 185 *et suiv.*) Il ne faut que lire vos deux chapitres sur le 10 Août, pour être convaincu que le peuple de Paris fut l'aggresseur, et non Louis XVI ; vous en convenez, et conséquemment vous détruisez l'opinion contraire que vous adoptez ailleurs : il vaut mieux avoir tort que de se contredire : la critique la plus fâcheuse est celle qui oppose un écrivain à lui-même.

(*Page* 190.) « Le député Rœderer, etc. » Un historien qui se pique d'exactitude, doit s'observer dans les plus petits détails : Rœderer n'était pas député, mais procureur-syndic du département.

(*Page* 196.) Après avoir retracé les horreurs dont les vainqueurs souillèrent ce que vous appellez leur victoire, vous dites : « *le boudoir de la moderne Messaline, etc.* » J'aurai cru que vous auriez abandonné ces injures grossières à ces obscurs libellistes dont la plume ne se refuse à rien : la reine a eu des torts ; ne les a-t-elle pas cruellement expiés ? Avez-vous des preuves assez authentiques de sa conduite privée, pour risquer une pareille expression ? Pourquoi chercher à entâcher sa mémoire ? Pourquoi vous assimiler à ces écrivains éhontés, aux Prud'homme, aux Mopinot, aux La Vicomterie, historiens de tous les crimes, dont les ouvrages déshonorent également leur esprit et leur cœur.

(*Page* 199.) « Si le lendemain du 10 Août la populace retrouva sa raison, elle dût sentir aussi en punition la pointe acérée des remords ». Vous connaissez la populace, comme elle connaît les remords : les 2 et 3 Septembre suivans elle alla s'en préparer de nouveaux, qu'elle sentit également.

« L'Assemblée législative ne montra, dans le moment d'un si beau triomphe sur la tyrannie royale, ni sagesse, ni dignité, ni courage ». A cela près du triomphe, que je trouverais aussi beau, s'il était moins sanglant, je suis entièrement de votre avis : elle prouva, au reste, ce que la Convention a depuis achevé de démontrer, que la sagesse, la dignité, le courage, n'étaient pas compatibles avec des Assemblées législatives nombreuses, et composées comme nous avons vu surtout la seconde et la troisième.

(*Page* 200) « La Convention nationale, en remplaçant l'Assemblée législative, consacra la souveraineté du peuple par un décret, portant : qu'il ne peut y avoir de constitution, que lorsqu'elle est acceptée par le peuple ». Oui, le décret a existé, et les Français ont été assez lâches, assez stupides pour recevoir trois constitutions depuis qu'il a été rendu ; de ces trois constitutions, la première a été suspendue avant d'être en activité ; la seconde a été appuyée par le canon de Vendémiaire, et par conséquent acceptée *librement ;* la troisième n'a seulement pas été présentée à l'acceptation, puisque, par une dérision sans exemple, pendant que d'un côté on ouvrait les régistres dépositaires du vœu des citoyens, de l'autre on la proclamait solemnellement ; nous verrons ce qui en sera de la quatrième : et vous appellez la Nation Française *Grande Nation !* c'est donc parce que les extrêmes se touchent. « La Convention avait aussi déclaré que la sûreté des personnes et des propriétés était sous la sauvegarde de la Convention ». Encore une plaisante déclaration : cette Assemblée, qui devait protéger les personnes et les propriétés, a employé les trois ans de sa session à piller, voler, incarcérer, mitrailler, fusiller, guillotiner le quart de la France : et vous tirez vanité, C. M., d'avoir été membre d'une telle Assemblée ? en vérité il faut ne savoir de quoi se glorifier.

SECONDE LETTRE.

LE second volume débute par le portrait de quelques personnes qui ont joué un rôle plus ou moins saillant dans la révolution : on sera surpris de n'y pas voir le duc d'Orléans, qui méritait, ce me semble, un article à part : quelque mépris que ce monstre ait pu inspirer, cependant l'historien ne peut oublier qu'il a été, malgré sa nullité réelle, partie active dans beaucoup d'évènemens remarquables, et que ses droits à une affreuse célébrité sont aussi légitimes que ceux de l'*Abbé de Boislaurette*, par exemple, sur lequel le C. M. s'est étendu avec trop de complaisance, l'on ne sait pourquoi.

(*Page* 3.) Je pense tout ce que vous dites sur Camille Desmoulins, bien éloigné de partager l'opinion de ceux qui ont plaint ce scélérat d'avoir succombé sous la hache de Robesbierre; ils ne voyaient que le comité de clémence, demandé par *le vieux cordelier* : ils oubliaient sa conduite dans les premiers temps de la révolution, ses pamphlets incendiaires, et sur-tout la qualité de procureur-général de la lanterne, c'est-à-dire, de la potence, qu'il s'était si complaisamment donnée : Camille Desmoulins méritait la fin qu'il a eue.

(*Page* 17.) « Péthion était encore maire de Paris pendant les boucheries de Septembre ; mais les conjurés l'avaient consigné à la mairie, en sorte qu'il était *pur* de ces massacres ». Voilà une conséquence curieuse : et Manuel, alors procureur de la commune, était-il *pur* de ces massacres ? Quoi ! C. M., vous ignorez que Péthion *se fit* consigner, pour tromper les *bonnes gens*, leur persuader qu'il n'avait pas trempé dans ces horribles journées : je vois qu'il a réussi ; il n'a voulu convaincre que les hommes crédules, il a convaincu.... un philosophe ! Ce Péthion si pur au 2 Septembre, était-il pur au 20 Juin et au 10 Août, malgré le décret qui lui défendit de s'exposer ce jour-là ? et vous croyez lire dans l'avenir ; eh ! mon Dieu, vous ne lisez pas dans le passé.

(*Page 22.*) « Nous ne rencontrâmes dans l'esprit du parisien, que la peur de se ranger de notre côté ; et lorsqu'il y avait un Condorcet et un Brissot, ce fut un Marat et un Chaumette, dont on suivit les étendards ». Les étendards de Chaumette et de Marat ! ne semblerait-il pas qu'il s'agit d'une lutte entre des généraux : que diriez-vous de plus si l'on avait abandonné Turenne, Luxembourg ou Catinat, pour suivre Santerre, Barbantane ou Menou ? tous ces étendards se ressemblent : ceux de Marat et de

Chaumette sont dégoutants de sang : ceux de vos protégés, ont une nuance de moins ; et pour dire, ainsi que c'est *la vérité toute entière*, Brissot et Condorcet ont mérité de mourir une fois, les autres auraient mérité de mourir deux : voilà tout ce que je puis vous accorder.

(*Page* 24.) « Dumouriés perdit la tête en arrêtant les quatre représentans du peuple : c'était un attentat si misérablement inutile, qu'on ne peut l'attribuer qu'à cette démence que fait naître la fureur ». Je suis quelquefois de votre avis, C. M. ; malheureusement pour moi cela est assez rare : ici, par exemple, je ne pense pas comme vous : était-il donc nécessaire de perdre la tête pour s'assurer de la personne de quatre députés bien insolens, revêtus d'un pouvoir qu'ils avilissaient, porteurs d'un décret qui eut conduit le général à l'échafaud, ainsi que l'ont éprouvé depuis, Custine, Houchard, et tant d'autres ? c'eut été perdre la tête que d'obéir à ce décret ; et vous-même si Dumouriés se fut rendu à l'aimable invitation de Camus, l'auriez blâmé justement de s'être livré à ses ennemis, entouré de cent mille bayonnettes : il ne devait donc pas obéir, cela est clair ; mais pourquoi arrêter les représentans ? pour en faire des otages en cas d'évènement, pour profiter de l'extravagance d'une nation qui avait la bonté d'attacher quelque importance (le tout par vanité) à ces quatre individus, et la suite a prouvé qu'il avait eu raison ; il voulait encore les punir de s'être chargés, un peu légèrement, d'une mission trop délicate, et les en dégoûter pour l'avenir : et j'ajouterai qu'il y a des généraux qui, dans la position de Dumouriés, sans perdre la tête, sans fureur, sans démence, eussent fait *décapiter* les quatre plénipotentiaires, et n'eussent renvoyé à Paris que leurs têtes : oh ! pour le coup, C. M., vous auriez fait un beau chapitre là-dessus ; mais vous ne les auriez pas ressuscités : on vous aurait dit ce que vous dites dans votre premier volume : *après la bataille, on enterre les morts ;* et personne n'y eut pensé deux jours après.

(*Page* 25.) « L'abbé Maury : je l'ai beaucoup connu : simple prestolet, il nourrissait déjà l'idée de s'élever aux premiers rangs de la hiérarchie ecclésiastique ». Il n'y a rien là d'extraordinaire : il n'est pas un caporal aujourd'hui qui n'aspire à devenir général : au moins faut-il convenir que l'abbé Maury a prouvé que ce qu'il prétendait n'était ni déraisonnable ni impossible. « Il m'entretenait de son élévation future, lorsqu'il n'avait pas de quoi dîner ». Cela n'empêche pas de parvenir : demandez aux riches du jour ; ils n'ont pas toujours fait si bonne chère. « Il me disait : j'entrerai à l'académie française bien avant vous, et il n'avait pas encore écrit même un mauvais sermon ». Je pense que vous n'en croyiez rien, vous qui sans doute alors aviez déjà écrit plusieurs chefs-d'œuvres : eh bien, il a pourtant deviné ; l'académie lui a ouvert ses portes, et vous a laissé dehors ; mais l'institut national vous dédommage amplement : vous êtes vengé de L'abbé Maury, car il n'en est pas : comme il doit être penaud !

(*Page* 26.) « L'abbé Maury à rendu à la révolution le plus grand des services ; car c'est lui qui a fait le clergé opiniâtre et récalcitrant, et qui, en l'engageant à ne point ployer, l'a fait rompre ». Vous errez furieusement, C. M., et j'ai tout lieu de croire que c'est à dessein : vous ne pouvez ignorer que dès 1789, le parti de détruire les ordres était irrévocablement fixé ; le clergé, offrant 400 millions en argent, au lieu des 400 millions d'assignats qui furent émis la première fois, fut refusé, et vit dès-lors, ainsi que tout homme sensé, que sa perte était résolue : les conseils de l'abbé Maury n'ont rien changé : si le clergé eût ployé, il n'en aurait pas moins été écrasé : je n'en veux pour preuve que la portion de cet ordre qui s'est soumise à toutes les bassesses qu'on a exigées; que sont devenus les évêques constitutionnels, ces nouveaux apôtres qui, avec leurs croix de bois, devaient nous retracer les vertus de la primitive église ? quelques-uns ont été guillotinés; les autres ont disparu, au point que je vous défie de me dire quels sont les départemens qui en ont, et ceux qui n'en ont pas.

(*Page* 28.) » M. de Choiseul-Gouffier, s'est fait sous le nom de Paul Ier., empereur des Russies ». Voilà ce que je ne savais pas : grand merci.

(*Page* 41.) » Pitt a été le plus déterminé soudoyeur qu'on ait encore vu dans les annales du monde : il aura perdu ses guinées ». Si tous les soudoyeurs étaient connus, peut-être, en trouverait-on qui auraient perdu leurs *guinées* beaucoup plus que lui. » Renard Pitt, a été dans son genre, dans son rôle, aussi opiniâtre et aussi borné que le fut Robespierre ». Je passe à quelques écrivains du jour, des invectives dont ils ont besoin pour rehausser la nullité de leurs pamphlets éphémères : mais vous qui écrivez pour la postérité, ou au moins qui le croyez, pourquoi vous servir de cette expression bassement et encore plus bêtement méchante ? *renard* Pitt. Vous n'atteignez pas votre but ; car c'est avouer, que Pitt est plus fin que nous, et bien que cela soit réel, votre intention n'est pas de l'avouer : s'il a été aussi *borné* que Robespierre, ce n'est pas un *renard* assurément : cependant quelque lumineuse que puisse vous paraître une comparaison entre Pitt et Robespierre, au moins le rôle du premier est-il le meilleur aujourd'hui, qu'en pensez-vous ?

Renoncez donc à ces plattes épithètes, si vous voulez être lû dans dix ans: et quant à sa retraite, l'influence qu'il conserve et la composition du nouveau ministère, démontrent qu'elle a été volontaire, et par conséquent bien éloignée d'être une disgrace.

(*Page* 47.) » *Louvet*, au-dessus des clameurs de la calomnie, leur répondit en combattant, sans cesse, en se trouvant par-tout sur la brêche..... J'ai partagé toutes ses opinions: pour récompense de ses vertus et de ses talens, que n'a-t-il vu, comme moi, le 18 fructidor! » Quelle foule de réflexions fait naître cette incroyable tirade! Louvet était girondin; proscrit et fugitif, il échappa au glaive qui atteignit plusieurs membres de ce parti: il fut républicain jusqu'au dernier soupir; cela suffit-il pour mériter le titre d'homme vertueux? Il a attaqué le trône, dénoncé Robespierre, s'est élevé contre la noblesse; donc c'était un grand homme; plaisante conséquence ! Ses talens se sont bornés au roman de Faublas, passe-temps des boudoirs; car je ne pense pas que le Journal la *Sentinelle*, soit un des beaux fleurons de sa couronne littéraire : ses vertus ont consisté à séduire l'épouse du C. Chollet de Nemours, qui l'avait recueilli chez lui, traité comme son fils, et qui pour prix de tant de bontés, a vu son épouse divorcer, l'abandonner pour s'attacher à un monstre d'ingratitude et de déloyauté : c'est la fameuse Lodoïska que tout le monde connaît, au moins de réputation, et ce n'est pas son côté le plus brillant. Vous avez, dites-vous, partagé toutes ses opinions? Eh bien, tant pis pour vous deux. Quant au 18 fructidor, dont il sera question ailleurs, quel étrange travers d'esprit, peut faire trouver dans cette journée une récompense pour l'homme vertueux ?

(*Page* 52.) » M. Des Gallois de

Latour, premier président et intendant de Provence, à l'honneur duquel, M. Barentin fit graver une médaille dans les gazettes ». La plaisanterie est fort bonne ; il est fâcheux qu'elle repose sur une fausseté manifeste : la médaille n'a pas été gravée dans les gazettes seulement, mais bien réellement ; elle porte : *le tiers-état de Provence à M. de Latour, SON AMI depuis 40 ans.* Elle fut accordée par les états en 1788, et frappée en 1789 ; ce qu'il fallait savoir, avant de lancer votre petite épigramme.

(*Page* 57.) Le chapitre 39 offre une longue dissertation : on y discute si le supplice de la guillottine, ôte effectivement au patient la douleur, au moment de la *détruncation* : vous pensez qu'oui, et je le pense de même : cependant vous avancez, un peu légèrement, que le cœur et le cerveau sont *indispensables* pour que l'homme vive ; car on cite des exemples d'enfans venus

venus au monde (vivans) sans cerveau, même sans tête : voilà ce que ne peut ignorer le Cit. Lassus, votre ami et collègue à l'Institut national ; il devait donc ne pas généraliser la chose, ni l'établir expressément sans *aucune* exception.

(*Page* 83.) » Cette fameuse convention signée à Pilnitz, dans le cours de 1790 ». Quoique l'époque précise en soit fort indifférente, vu le succès qu'elle a eu, cependant un historien doit se piquer d'exactitude dans les plus petits détails : cette convention a eu lieu en Juillet 1791.

(*Idem.*) » La question portée au Parlement d'Angleterre, sur la traite des nègres, fut un piège que l'insidieux Pitt présenta à l'imbécillité de nos niveleurs ; ils furent les jouets de ce ministre adroit ». Et tout-à-l'heure ce ministre adroit était aussi borné que Robespierre ; accordez-vous, donc, avec vous-même : je devine pourquoi, dans ce moment, il est *ministre adroit*, parce que, plus bas, vous dites *je sentis le piége* : or, le compliment que vous faites à Pitt, retombe sur vous. Quel mérite auriez-vous eu à sentir le piége tendu par un sot ?

(*Page* 84.) Grand éloge du député Valády, qui, ne vous en déplaise, a fini comme il le méritait.

(*Page* 86.) » Boissy-d'Anglas, était après Barrère, le menteur le plus intrépide ». Vous mettez tout le monde à son aise ; ce serait un crime de cacher son opinion à un homme aussi peu fardé que vous ; qui dit aux autres leurs vérités avec autant de franchise, mérite qu'on lui dise les siennes ; on vous les dira.

(*Page* 88.) » Le parti de la Montagne envoyait à la barre les pétitionnaires des subsistances pour exciter un mouvement ; mais ils n'en vinrent pas à bout : le peuple souffrit patiemment la famine et la guillotine : il ne fit mine de se lever, qu'en prairial et vendémiaire; c'est qu'il ne se lève que quand il est *mû*, *soudoyé*, *dirigé* ». La vérité vous échappe, C. M., rien de plus réel, de plus indubitable que cette dernière phrase; ce n'est pas quand le peuple est malheureux qu'il se lève, c'est quand on lui dit de se lever; ainsi le peuple qui a souffert paisiblement la famine et la guillotine, maux effectifs, maux physiques, n'a pu s'insurger, parce que la Cour, en 1789, avait formé contre lui un complot que rien n'a démontré, ou même, qui, eut-il existé, n'a jamais eu son exécution, et conséquemment ne peut être assimilé à une famine réelle, et à des échafauds dressés et journellement arrosés de sang. Que devient donc cette énergie parisienne, qui fit lever spontanément un peuple immense ? Vous chantez la palinodie : vous devez pour ne pas vous contredire, avouer, qu'au 14 Juillet, comme à toutes les époques de la révolution, le peuple fut demeuré spectateur impassible des évènemens, si son insurrection n'eut pas été fomentée, dirigée par des factieux, qui seuls en ont profité. Ce *grand* peuple, ainsi que tous les autres a toujours été et sera toujours le jouet des intrigans, des agitateurs, et croyant travailler pour lui-même, ne travaillera que pour eux. Oh ! c'est une belle chose que le peuple ; de tous les souverains du monde, c'est assurément celui dont on se moquera le plus long-temps.

(*Page 92.*) » On a remarqué que les comédiens et les peintres avaient joué dans la révolution, les rôles les plus absurdes et les plus sanguinaires ». Je ne vois que David, dont le talent et les crimes puissent aller de pair : les autres peintres n'ont été que des scélérats obscurs, où n'ont prostitué qu'un talent médiocre. Les comédiens ont joué un rôle bien plus marquant. Collot-d'Herbois, Fabre d'Eglantine, Boursault-Malherbe, éterniseront la gloire révolutionnaire des *artistes* de coulisses, (puisque ce nom d'artiste, est aujourd'hui, une selle à tous chevaux). Je ne parle que de ceux qui ont figuré à la Convention : combien en pourrais-je nommer des théâtres de Paris et des Départemens, qui, membres de tribunaux de sang, ou de comités révolutionnaires, coryphées du parti terroriste, sont aujourd'hui plus renommés comme Jacobins, que comme acteurs ; parce qu'ils ont beaucoup mieux rempli le premier rôle que le second.

J'ai voulu chercher une raison sinon plausible, au moins apparente de cette conduite des comédiens, et j'ai cru trouver celle-ci : le préjugé, réellement injuste qui régnait sur l'état de comédien, la défaveur qui accompagnait ces hommes, sans cesse occupés de nos plaisirs, les empêchaient de veiller sur eux-mêmes, leur permettaient tacitement une conduite peu régulière, fondée sur ce que le public incapable d'un examen approfondi, confondrait toujours dans une même masse, l'innocent et le coupable ; alors il valait mieux se livrer, sans scrupule, à ses goûts ; et c'est pourquoi la vie intérieure des comédiens a rarement été digne d'éloges ; leurs querelles perpétuelles, fruit de l'amour-propre inhérent à la profession, n'ont pas peu contribué à consolider un préjugé funeste, que les décrets d'égalité sont loin d'avoir entièrement détruit. C'est dans cette classe que l'on a dû trouver, à proportion, le plus de mauvais sujets : cela posé, il devient tout simple qu'ils ayent embrassé une cause qui leur offrait la plus flatteuse perspective, qui promettait des gros ralats, des fauteuils de législateur, des emplois de tout genre : rien ne leur a coûté pour y parvenir. Une observation remarquable, et qui fait honneur à une classe d'artistes, c'est qu'aucun musicien connu n'a joué un rôle honteux dans la révolution : cette singularité si flatteuse est due, peut-être, à la musique elle-même : un art qui n'a pour but que d'exciter des sensations agréables ; que de plaire même dans ses effets les plus terribles, a dû émouvoir uniquement les passions douces, et n'a pas permis à celles d'où derivent les crimes de couvrir d'opprobre, de déshonorer l'homme bien pénétré de l'excellence de cet art enchanteur.

Page 98 et suivantes.) Éloge de Brissot. *Requiescat in pace*, ainsi que le *vertueux* ministre Roland, votre protégé !

(*Page* 101.) » Le Stadhouder des Provinces-Unies. » Il me semble que comme il n'y en a qu'un, vous pouviez retrancher *des Provinces-Unies*, ou bien, il faudra dire, le pape de Rome.

(*Page* 105.) » Que faut-il pour être homme de bien ? Le vouloir. ». Je suis de votre avis. » Brissot le voulut et le fut ». Je n'en suis plus.

(*Page* 112.) » Le peuple, trompé par les mauvais écrivains, est et sera toujours le premier échelon sur lequel tous les ambitieux ont mis et mettront le pied pour s'élever ». Ajoutons cette phrase à ce que j'ai dit plus haut : et vous appelez le peuple *souverain ?* hélas ! il est esclave, et de plus aveugle et sourd ; car s'il vous voyait, ou vous entendait se moquer de lui avec autant d'impudence, il vous assommerait, et il n'aurait pas tort.

(*Idem.*) « La révolution préparée dès long-temps, par les écrits des sages, avait fait son explosion : les insensés, les ambitieux, les fripons s'en emparèrent ». Dans ce cas, les insensés ont été les sages, et les sages les insensés : quelle sagesse trouvez-vous à avoir travaillé pour des gens qui ont profité du fruit de vos veilles ? Pour mériter le nom de sages, il aurait fallu pressentir l'explosion que produiraient ces écrits, empêcher les ambitieux et les fripons d'en profiter seuls ; ou si cela était impossible (chose qu'il fallait prévoir), ne pas préparer une révolution dont de tels hommes devaient s'emparer. Que conseilleriez-vous à un homme qui, travaillant à un bon dîner, verrait sa porte assiégée par une douzaine d'affamés, attirés par la fumée de son rôt, prêts à dévorer son repas dès qu'il serait servi ? il devrait, si les moyens de défense lui manquaient, remettre son dîner à une autre fois, et faire maigre-chère ce jour-là : si, au contraire, cet homme persistait à couvrir sa table, et que les parasites mangeassent l'excellent repas à son nez, sans lui en offrir sa part ; que diriez-vous de cet homme ? qu'il est un Sot : eh bien, ce sont précisément-là vos sages, C. M. ; et comme vous ne vous rangez sûrement pas dans cette classe, je donne hardiment carrière à ma franchise : vous trouverez peut-être ma comparaison peu juste ; vous direz que l'homme entouré d'affamés voyait d'avance ce qu'on lui destinait, au lieu que les *sages* ne prévoyaient pas qu'on abuserait de leur sublime découverte : je vous répondrai qu'ils devaient le prévoir : dans tous les siècles les hommes éclairés, ou qui croyaient l'être, ont préparé les révolutions, et la canaille en a profité : pourquoi ? parce que l'esprit, les connaissances ébauchent seulement, et que les bras finissent.

(*Idem.*) « Bientôt les insensés osèrent dire : *nous avons tout fait ;* à les entendre, la plume des Rousseau et et des Raynal, le bras des vainqueurs de la Bastille, tout leur appartenait ». Ces insensés ont eu raison ; qui les a contredit ? Je reviens encore à mon dîner : si les douze convives, *non-invités*, avaient dit à l'Amphitrion : *c'est nous qui avons fait le dîner.* — *Comment,*

LETTRE. 83

vous plaisantez ; vous ne faites que d'arriver, et j'y travaille depuis six heures. — C'est nous, et si tu le nies, nous t'assommons. — Voilà qui est fini; vous avez raison, et vous devez le manger... C'est-là l'histoire de vos sages, avec cette différence, qu'ils s'en sont tenus à la première interpellation, et n'ont pas donné la peine de la répéter. La plume de Rousseau, si mal entendu, et si indignement prostitué, et celle de Raynal, ne les ont jamais intéressés en rien : Raynal ne doit sa célébrité qu'aux invectives répandues dans son ouvrage, contre la religion, les rois, les gouvernemens, qu'à la hardiesse de ses paradoxes : il est avéré aujourd'hui que ses mémoires sur l'Inde, sur les Colonies, sont inexacts ; n'ayant rien vu par lui-même, il a dû s'en rapporter aux autres ; il a été trompé : voilà pour l'écrivain : quant à l'homme, je l'ai connu, et j'affirme, (ceci vous paraîtra bien fort) que c'est, sans exception aucune, le mortel le plus ennuyeux que j'aie rencontré. Il ne reste donc plus des usurpations de ces insensés, que *le bras des vainqueurs* de la Bastille : des gens qui se contentent d'être comptés parmi les vainqueurs d'une forteresse, rendue en trois heures, sont aisés à satisfaire : au moins ne peut-on les taxer d'amour-propre ou de vanité. Le siège de la Bastille et celui de Malte, par l'armée d'Egypte, seront mis sur la même ligne par la postérité, non pour leurs conséquences, mais pour l'intrépide vaillance des assiégeans et la longue résistance des assiégés. Bonaparte a acquis une assez grande réputation militaire, pour ne pas se faire un trophée de la prise de Malte, comme tant de vils et stupides flagorneurs l'ont voulu si mal-adroitement.

(*Page* 123.) ». Chénier ayant fait dire au théâtre, dans une tragédie : *des lois et non du sang*, cet hémistiche fut un ver rongeur lancé au cœur des tyrans, et ils trouvèrent sur-tout ce vers de la même tragédie, très-contre-révolutionnaire : *n'est-on jamais tyran qu'avec un diadême ?* » Chénier aurait mieux fait, au lieu de s'en tenir à quelques sentences, et lieux communs rebattus ; 1°. de ne pas partager ce despotisme qui n'est pas toujours sous le diadême, puisque nous l'avons vu sous un bonnet rouge, ou un mauvais chapeau couvert de toile cirée ; 2°. de ne pas coopérer à la fabrication de tant de lois plus atroces, plus sanguinaires les unes que les autres ; 3°. de ne pas laisser égorger son frère par un tribunal d'antropophages, ou au moins d'essayer de le soustraire au supplice. Mais nos grands écrivains du jour trouvent plus facile de nous lâcher trois ou quatre mille vers faits à la toise, ou mille pages de prose, que de *tenter* une action courageuse, ou seulement louable : il est vrai qu'il n'y a point d'institut pour les actions : il faut donc faire des vers ou de la prose, et laisser les actions aux désœuvrés.

(*Page* 167.) « Madame la mairesse, l'échevine, la notairesse, ont des crispations de nerfs, lorsqu'elles entendent dire citoyenne, au lieu de dame : mais il faut en passer par-là ». Vous n'avez pas prévu, C. M., ni votre ami Martin, le tireur de cartes, auquel vous avez consacré un beau chapitre de quinze pages, que le mot de citoyenne serait aboli, et remplacé de nouveau par celui de dame : quel crève-cœur pour vous ! car il me semble que vous tenez beaucoup à cette qualification ; on dirait que le sort de la république y est attaché : consolez-vous, le mot de *citoyen* existe encore ; je ne voudrais pourtant pas cautionner son immortalité.

(*Idem.*) « Vainement l'anglais affecte, quand il prononce nos noms, d'y joindre le mot *monsieur* ; nous n'en voulons plus ; nous voulons tous notre nom de guerre, le nom qui a constaté que nous n'avions plus de roi ». Cette affectation des anglais est imaginaire ; qu'on nous appelle citoyen, ou monsieur, cela doit leur être fort indifférent ; et vous y attachez beaucoup plus d'importance qu'ils n'y en mettent. Appellons-les citoyens, et nous serons quittes. « Le titre de citoyen français fera pâlir tous les potentats, et c'est ce que nous demandons ». Depuis neuf ans que nous le portons, les potentats devraient être blêmes, et je crains que votre prédiction ne s'accomplisse pas ; viendrait-elle de votre cher Martin, le cul-de-jatte ? (Voyez le chapitre 63.)

(*Page* 170.) « Il n'est maintenant personne en France qui ne sache ce que c'est que le drapeau national : je demande, pour le bonheur de l'humanité, que toutes les nations le sachent bientôt aussi, comme nous l'avons appris ». Passe pour le drapeau ; mais vous pourriez leur souhaiter de le connaître sans qu'il leur en coûtât aussi cher qu'à nous, ou c'est de votre part un souhait bien peu philantropique.

(*Page* 171.) « *La cocarde nationale fera le tour du monde ;* ces mots sont devenus proverbe, et la prophétie s'avance et marche à grands pas ». Encore plus vite que vous ne croyez, C. M. ; le capitaine Baudin vient de partir, et à son retour la prophétie sera pleinement vérifiée.

(*Page* 173.) « Si l'on eût dit à des ingénieurs : il faut prendre la Bastille ; ils auraient tracé des lignes, attaqué dans toutes les règles, et la forteresse royale serait encore debout. Les parisiens s'avisèrent de croire que le moment était venu de s'emparer de la Bastille, et ils s'en emparèrent ». Que conclure ? que lorsqu'on voudra prendre des forteresses, il faudra s'adresser aux parisiens et non aux ingénieurs ;

voilà le corps du génie réformé, puisque huit ou dix centaines de *galopins*, entremêlés de quelques soldats aux gardes, ont emporté en quatre heures, ce qui eût arrêté tous les ingénieurs de l'Europe; pourquoi nos armées n'ont-elles pas toujours avec elles de nombreux détachemens de ces héros du faubourg St. Antoine ? les ponts-levis de toutes les forteresses s'abaisseraient devant eux ; nous n'aurions pas perdu tant de mois devant Ancone et Mantoue : finalement, il paraît qu'on n'a voulu les employer qu'à Malte, et il faut convenir qu'ils y ont soutenu la réputation si justement acquise le 14 Juillet 1789.

(*Page* 174.) « On se tût à St. Denis, où était le camp qui devait nous égorger ; on se tût à Mont-martre, où le canon devait ronfler ; on se tût enfin par-tout ». Il n'a jamais été question de vous égorger, et jamais il n'y a eu de canon à Mont-martre : je vous soupçonne d'avoir été un de ceux qui se portèrent chez l'abbesse, et firent ouvrir jusqu'à ses commodes, pour chercher les canons qui devaient foudroyer Paris, et dont on ne trouva pas de vestige sur toutes les hauteurs : *on se tût par-tout*, dites-vous : tâchez d'en faire autant, quand vous n'aurez à débiter que de pareilles rapsodies.

(*Page* 176.) « La Convention faisait des décrets ; le corps Législatif ne fait plus que des lois ». Est-ce que les décrets de la Convention n'étaient pas des lois ; que fait le mot ? ce qu'on peut dire, c'est qu'en tout, on en a fait vingt mille de trop.

(*Page* 177.) « Le peuple tendit un simple ruban le long des terrasses du château des Thuileries ; cette barrière fut respectée, et personne ne la franchit : du canon n'aurait pas produit cet effet : c'est que le peuple obéissait à une loi qu'il s'était imposée lui-même ». Quelle raison ! eh, dites

LETTRE.

donc la bonne, c'est qu'on avait dit au peuple *ne franchissez pas cette barrière* : si on lui eut dit *franchissez la, et allez égorger le roi* ; il l'eut fait tout de même : le peuple ne s'impose point de loi, et suit l'impulsion qu'on lui donne ; croyant commander, il obéit toujours.

(*Page 180.*) » La tribune de nos Assemblées nationales sera aussi célèbre dans la postérité, que les tribunes qu'occupèrent Demosthènes et Cicéron à Athènes et à Rome ». C'est, sans doute, parce que vous y êtes monté, C. M., et vous oubliez de parler d'un avantage réel que la nôtre a sur celles de l'antiquité, c'est que dans celles-ci, on ne se prenait pas au collet, on ne se donnait pas des coups de poing, on ne se précipitait pas dans la salle au risque de s'estropier. Quelle dignité ! Quelle noblesse ! Et c'est la première nation de l'univers, qui, non contente d'offrir au monde de tels exemples, ose encore prétendre qu'ils méritent d'être suivis. » "Si je ne craignais qu'on m'accusât de vanité nationale, j'affirmerais qu'elle le sera, et qu'elle méritera de l'être beaucoup plus, par le rétablissement de l'homme dans ses droits, que toutes les nations vont reconnaître ». Ne l'avais-je pas dit ? Notre tribune fera oublier toutes les autres, comme Chénier et Barrère feront oublier Cicéron et Démosthènes, et le rétablissement de l'homme dans ses droits, dont nous avons l'obligation à cette tribune, est-il bien réel ? Les droits de l'homme ne consistent-ils pas à disposer entièrement de sa personne et de ses propriétés ? Le français dispose-t-il, donc, de l'un et de l'autre ? consulte-t-on sa volonté pour envoyer sa personne aux coups de canon, ou pour le grever d'impôts ? La discussion de ces deux questions me mènerait beaucoup trop loin, et je la crois superflue pour tout homme de bonne foi.

(Page 184.) » Désormais les français ne feront que passer chez les autres peuples, et ne verront rien de plus admirable que leur pays, ainsi que leur gouvernement ». C'est-là une prophétie, qui se vérifiera, peut-être, un jour; mais, soit dit sans vous fâcher, elle est encore loin d'être accomplie : pour que les hommes préfèrent leur pays à tout autre, il faut qu'ils y trouvent la tranquillité, la sûreté, le bonheur : tant que ces biens n'existeront pas en France, non-seulement ses habitans l'abandonneront, mais les étrangers ne s'y fixeront jamais : vous ne voudriez pas établir que ce sont les agrémens de la France, qui retiennent, aujourd'hui, les français chez eux; depuis dix ans les listes d'émigrés, ont seules produit cet effet, c'est avec des chaînes qu'on les a retenus : il faut donc attendre que le temps ait vérifié ou non votre prophétie, et ne pas oublier, sur-tout, quand même une liberté illimitée d'al-

ler et de venir serait rendue aux français, (telle qu'elle existait dans les temps d'*esclavage*) que, si les troubles intérieurs subsistent, si le gouvernement n'a pas une stabilité réelle, personne ne profitera de la permission; la raison en est simple : aujourd'hui une loi permettrait de sortir; demain une autre ordonnerait de rentrer. Tel gouvernement aurait fermé, à jamais, les listes d'émigrés; tel autre, après avoir culbuté le premier, les rouvrirait, parce que les mots *à jamais*, dans un gouvernement comme le nôtre sont absolument dérisoires : n'oublions pas que tout, *absolument* tout est provisoire en France; on l'a vu pour les Constitutions; y a-t-il donc, après cela, quelque chose d'immuable, d'éternel ? rien, C. M., que notre sottise et notre aveuglement : ce n'est pas que je compte sur le retour de la monarchie, il s'en faut : je redoute seulement un autre ordre de choses que l'actuel.

(*Idem.*) » Qu'on en juge par les soupirs profonds, les gémissemens et les regrets de nos émigrés ». Si vous prétendez que ceux-là regrettent leur patrie, vous avez raison : il ne faut cependant pas vous y tromper : ces soupirs, ces gémissements sont produits non par l'amour de leur pays, par l'enthousiasme qu'excite notre admirable gouvernement, mais uniquement par la faim. Ne préféreriez-vous pas une chaumière où tous vos besoins physiques seraient satisfaits, à un palais où vous manqueriez de tout ? Ne croyez donc pas fournir une preuve de ce que vous avez avancé plus haut : votre dire ne prouve rien. » Ils ne monteront jamais à cette tribune. » Ceci devient comique ; le C. M. est persuadé, que les émigrés ne regrettent en France que la tribune du Corps-législatif. Eh ! qu'on leur donne la valeur de leurs biens, on verra s'ils demandent à redevenir citoyens français : ce serait une épreuve à faire : alors la solution du problême suivrait nécessairement, et l'on saurait si vous êtes des *grands* on des *petits* prophêtes ; je vous crois un de ces derniers.

Vous parlez des clubs et autres assemblées, où l'on s'exerce à la parole, et vous dites : » Comme dans les grandes assemblées, la minorité toujours plus active, plus opiniâtre et toujours mieux liée, l'emporte le lendemain ». De ce que la majorité de la Convention nationale a été subjuguée par une minorité détestable, il ne faut pas inférer qu'il en soit ainsi dans toutes les assemblées nombreuses : les Parlemens d'Angleterre offrent une exception bien remarquable ; l'opposition qui est la minorité, ne l'emporte ni le jour, ni le lendemain, soit dans la chambre des pairs, soit dans celle des communes ; ce sont là les assemblées qu'il faut choisir pour asseoir une opinion, et non des sociétés dites *patriotiques*, des tripots

pots dits *littéraires*, des tabagies, ou l'unique ressemblance avec une assemblée, est, ce qu'il y a de plus ridicule, la sonnette du président.

(*Page* 187.) » Le génie républicain commanda le 18 Fructidor, qui devint une des plus belles, comme des plus étonnantes époques de notre liberté. Jour heureux et mémorable, tu ne coûtas point une larme à l'humanité, tu fus grand et sans tache ». Cette tirade exige une discussion approfondie; je vais vous la soumettre, C. M., avec cette franchise qui me caractérise, et que vous méritez à tant de titres.

Oui, sans doute, la journée du 18 Fructidor a été une des plus étonnantes époques de la révolution : rien n'est plus étonnant qu'un changement général et subit dans le systême d'un gouvernement ; mais par cela seul que cette époque fut étonnante, devons-nous l'admirer ? hélas, non ! le 18 Fructidor ne sera mémorable dans la postérité, que par l'audace d'un parti, l'aveuglement et la pusillanimité de l'autre. Vous osez appeller *heureux* un jour qui couvrit toute la France de tribunaux militaires, qui arracha de leurs foyers des milliers d'individus, dont une partie, inscrite sur la liste fatale par la haine, la scélératesse, sûre de son innocence, attendait sans crainte une justice qu'on ne pouvait lui refuser. *Tu ne coûtas pas une larme à l'humanité !* Philosophe humain et sensible, vous avez donc vu de sang froid ces victimes de la férocité directoriale, traverser la France dans des cages de fer, offertes en spectacle à la populace des villes, plongées chaque nuit dans des cachots : vous avez contemplé d'un œil sec ces hommes, dont plusieurs commandaient le respect, franchir un espace immense, pour aller périr de misère, dans un climat affreux : ces prêtres, entassés dans l'entrepont d'un bâtiment, souffrant mille morts avant d'atteindre la plage qui doit les dévorer, ne vous ont pas arraché une larme ! que vous êtes heureusement né ! Votre phrase, écrite le 18 Fructidor même, aurait été excusable ; écrite plus tard elle est indigne de l'homme de lettres qui conserve quelqu'ombre de pudeur, qui tient encore à l'estime de ses concitoyens. *Le 18 Fructidor fut grand et sans tache !* La mort lente et cruelle de ces malheureux déportés, n'est pas une tache ? l'établissement de ces tribunaux de sang, qui ont condamné tant de Français, (et qui ont subsisté plus de trois ans) n'est pas une tache ? la ruine de tant de familles, parce qu'un de leurs membres a négligé de poursuivre sa radiation définitive, ou n'a pas eu assez d'argent pour l'obtenir, n'est pas une tache ? eh ! bon Dieu, que vous faut-il donc ? le procès du 18 Fructidor n'est-il pas jugé ? ne voyez-vous pas ceux qu'avait proscrits cette journée, occuper les premiers emplois de la république ? il est vrai, me direz-vous, que le mal n'a pas été réparé aussi promptement qu'il a été fait ; c'est l'usage : vingt-quatre heures avaient suffi pour tout écraser ; il a fallu plus d'un an pour rétablir seulement une assez grande partie de ce qui était renversé : les proscrits ne sont pas *tous* rappellés ; les lois du 19 Fructidor ne sont pas *toutes* rapportées ; et comme dans ce jour, *grand* et *mémorable*, les opérations ont été liées entr'elles, ont formé un faisceau indissoluble, il s'en suit qu'on a eu tort de détruire ce bel ouvrage, ou qu'on a eu tort de ne pas le détruire en entier.

(*Page* 188.) « Il faut que le sceptre des mers ne soit plus la propriété d'un seul peuple, et que les Carthaginois modernes soient terrassés ». Cette phrase termine une violente sortie contre l'Angleterre : le C. M. y annonce que *le pacte de la liberté des mers et de la paix du monde*, sera signé au pied de la tour de Londres : sa prédiction s'accomplira peut-être un jour; je crains seulement que ni lui ni moi, ne voyions cette époque si desirée.

(*Page* 189.) Un petit chapitre sur l'emprunt forcé : n'auriez-vous pas dû commencer par faire sentir que ces deux mots sont incompatibles ? loin de là vous approuvez une mesure qui, a proprement parler, a été un vol, et rien de plus.

(*Page* 190.) *Le cabinet Britannique :* avec quelle complaisance vous vous étendez sur cet article ! vous dissertez longuement sur la conduite de Louis XVI, qui n'a été réellement que gauche, faible, pusillanime : sans doute il a eu tous les torts, puisqu'il a succombé ; mais croyez-moi, un temps viendra où, personne n'étant plus intéressé à le trouver parjure, traître, tyran, on le plaindra, on ne l'accusera plus.

(*Page* 196.) « Le roi, par ses perfidies multipliées, et par ses erreurs monstrueuses, donna lui seul naissance au gouvernement républicain, auquel on ne songeait pas ». Vous êtes fort mal instruit ; dès la seconde année de l'Assemblée constituante, il y eut déjà un parti républicain très-prononcé ; quoiqu'il ne marchât pas à découvert, son existence n'était pas douteuse : il n'a pas attendu, pour se former, que les *perfidies* et les *erreurs* multipliées de Louis XVI lui en eussent fourni le prétexte et l'excuse.

(*Page* 197.) « Le peuple anglais dans un temps, sut juger et condamner son monarque : il a trouvé mauvais que le notre fut jugé et condamné ». Je réponds au premier point, que c'est Cromwel *seul*, et non le peuple anglais qui a condamné Charles I : au second, que les anglais n'ont approuvé ni blâmé la conduite des français envers leur roi : ils se sont révoltés, et avec raison, contre le despotisme d'une nation qui, non contente de changer son gouvernement, se préparait à changer aussi celui des autres : nous voulons toujours attribuer la guerre que nous soutenons à un motif qui n'est pas le véritable : mettons-nous bien dans la tête qu'aucun souverain ne se bat pour Louis XVI ; tous se battent pour éviter une invasion de notre part, ou l'introduction de nos principes, qu'on ne peut les blâmer de ne pas chérir.

(*Idem.*) « Les anglais ont supporté honteusement la longue dictature de Cromwel ». Et nous quelle dictature avons-nous supporté ? chaque coin de la France avait ses dictateurs, et personne n'a secoué leur joug : Cromwel n'était, comme tous les usurpateurs, redoutable que pour les grands dont il pouvait craindre l'influence ou la jalousie ; que pour ceux qui l'entouraient : l'homme éloigné de ses yeux végétait paisiblement : son obscurité le rendait inaccessible aux fureurs du despotisme : quel individu en France en a été hors d'atteinte ? ah ! dans ce rapprochement, le beau rôle n'est pas pour nous. (*Idem.*) « Nous avons eu une pépinière de Cromwel ; mais toujours politiquement et audacieusement éclairés, nous les avons tous brisés l'un par l'autre ». Une pépinière de Cromwel ! nous n'en avons pas eu un *seul;* des orateurs sans courage, des guerriers sans politique ; voilà ce que nous avons eu : vous poussez l'aveuglement, la prévention, jusqu'à attribuer à une politique audacieuse et éclairée, le renversement successif de nos tyrans, qu'il vous plaît d'appeller des Cromwel : quelques scélérats obscurs, écrasés par d'autres aussi lâches, que les circonstances ont favorisés? sont-ce là des époques assez glorieuses pour en tirer vanité ? si nous avions eu un Cromwel, méprisant également tous les partis, l'aurions-nous vu les ménager à tour de rôle, les opposer l'un à l'autre, s'en faire alternativemement un appui ? n'est-ce pas la conduite qu'ont tenue tous nos gouvernans ? l'expérience a dû leur apprendre qu'elle n'est ni sage ni honorable : il faut donc trancher le mot ; nous n'avons pas encore eu un Cromwel, et je ne vois pas que nous devions nous en plaindre : des pépinières de voleurs, de bourreaux, de scélérats de tout genre ; je vous l'accorde.

(*Page* 198.) Un éloge de Brissot, (tant calomnié) et des 73, du nombre desquels est le C. M. ; ce ne sera pas le dernier.

(*Page* 199 *et suiv.*) Vous approuvez beaucoup la guerre offensive que nous soutenons, parce que vous lui attribuez les grandes choses que nous avons faites. Je prends la liberté d'être précisément d'un avis contraire ; et même en abondant dans votre sens, que deviez-vous desirer ? l'affermissement de la république ? il fallait donc, loin d'aspirer à des conquêtes inutiles, vous renfermer dans vos limites, et dire à toute l'Europe : *les Français libres, ont voulu changer la forme de leur gouvernement ; ils ne s'immiscent pas dans celui des autres nations, et ils prétendent en conséquence être maîtres chez eux.* Cette profession de foi, appuyée de 2 ou 300 mille hommes, répandus sur nos frontières, en eut, à coup sûr, imposé à tous les souverains : ajoutez qu'alors tous les Français auraient pu légalement et justement être appellés à la défense de la Patrie ; car il est inhumain et absurde de les sacrifier froidement par milliers, pour des conquêtes dont ils ne doivent retirer aucun avantage : cette conduite réunissait donc la justice, le bon sens et l'humanité, trois choses qui sont loin de se trouver dans le système offensif qu'on a suivi : hélas ! à quoi se réduirait la gloire acquise par nos exploits militaires, si nous calculions froidement ce qu'elle nous a coûté?

(*Page* 125.) « L'Angleterre n'a pas rougi de contrefaire notre papier-monnaie, sans penser que cet exemple était le signal de la ruine de sa banque ». Jusqu'à présent je ne vois pas que sa banque soit anéantie : c'est encore une prophétie ajournée : quant à notre papier-monnaie, il est plaisant que vous vouliez que les anglais aient rougi de le contrefaire, c'est-à-dire, d'agir offensivement contre un ennemi acharné, irréconciliable, tandis que le gouvernement français n'a pas rougi de le créer, de le soutenir pendant plusieurs années, de ruiner les trois quarts de la France, c'est-à-dire, de ne faire tort qu'à sa propre nation : assurément si l'Angleterre doit rougir, la France peut lui tenir compagnie.

(*Page* 207.) « Guerre, guerre éternelle aux Anglais, jusqu'à ce qu'ils soient obligés de se taire devant nous :

paix avec toutes les puissances, excepté avec l'Angleterre ». Ces cris si répétés dans votre ouvrage, C. M., feraient grand peur aux anglais, s'ils pouvaient les entendre : il ne s'agit de rien moins que de leur destruction totale, que de l'anéantissement des trois royaumes. Je conviens que si nous avions la paix, (j'entends une paix solide) avec toutes les autres puissances, ils pourraient être fort embarrassés ; heureusement pour eux, nous n'en sommes pas là.

(*Page* 209.) « L'histoire publiera qu'on avait formé jusqu'au projet d'embarquer Louis XVI pour St. Domingue ». L'histoire se gardera bien de publier cela : elle consacrerait une grande platitude, dont il n'a jamais été question : on a pu penser à tirer le roi de la France par la voie de mer; mais jamais de l'envoyer à 1500 lieues, et dans un pays plus violemment insurgé que son royaume. .... « Faute de munitions, on avait pilé des bouteilles de verre, pour charger les canons protecteurs de sa fuite ». Cela ne mérite pas de réplique : on lève les épaules, et voilà tout. Des bouteilles de verre ! comme s'il eut été difficile, se procurant un bâtiment, de se procurer des boulets et des balles, ou l'équivalent ; car je n'imagine pas que le verre pilé dût remplacer la poudre.

(*Page* 211.) « Guerre à l'Angleterre ! dussent tous nos bras métamorphoser toutes nos forêts en un pont qui nous portera jusqu'au pied de la tour de Londres, seul endroit où il soit de notre dignité et de notre intérêt de signer la paix ». Eh, bon Dieu ! s'ils voulaient la signer ailleurs, nous le ferions de grand cœur, sans croire pour cela compromettre notre intérêt ni notre dignité : je ne crains qu'une chose, c'est que les anglais se refusent à signer cette paix, et courent les risques de nous voir au pied de la tour de Londres.

(*Page* 212.) « Mais nous avons à présent une constitution ». De laquelle parlez-vous? car nous en avons toujours une; il s'agit seulement de la désigner, pour qu'on ne s'y trompe pas. (*Idem*), grande tirade sur les écrivains qui ne pensent pas comme le C. M. Pourquoi les accusez-vous formellement d'avoir une ame abjecte, ou une plume vénale? cela n'est pas poli : ignorant si vous me ferez l'honneur de me comprendre dans cette classe, je vous préviens que mes ouvrages ne me sont ni commandés, ni payés, et que je crois, en toute vérité, avoir l'ame aussi grande, aussi élevée, et sur-tout aussi tranquille que toute la Convention nationale, y compris même les 73, du nombre desquels vous vous *honorez* huit ou dix fois dans votre livre d'avoir été : *où l'honneur va-t-il se nicher?*

(*Page* 214 *et suiv.*) Dernier chapitre du volume sur le procès du roi: le résumé de ce long chapitre est que le roi méritait la mort, qu'il ne fallait pas la lui donner, et que ceux qui l'ont condamné ont commis une *bévue politique* : quant au C. M., il avoue modestement qu'il avait trouvé le point véritable; savoir : de ne pas condamner le roi, et de rejetter l'appel au peuple : il s'est sur cela séparé de ses bons amis les estimables et infortunés girondins.

(*Page* 223.) « Louis XVI, meurtrier de la Bastille, de Nancy, de Tournay, des Thuileries ». Pour finir le volume, presque autant de faussetés que de mots : 1°. *Meurtrier de la Bastille :* c'est-à-dire, qu'un roi est le meurtrier de ceux qui attaquent une de ses forteresses; quelle absurdité ! peut-il être coupable de la mort de ces hommes qui, sans autre motif que leur volonté libre, se sont exposés à périr ? il est coupable comme le serait celui qui, assiégé dans sa maison par des brigands, en tuerait quelques-uns par ses fenêtres : le mot *meurtrier* serait beaucoup mieux appliqué aux assiégeans, qui ont massacré des gens désarmés, soumis, sans défense; voilà ce qui constitue le meurtre, et qui n'a pu être admiré que par les français de la fin du 18ᵉ. siècle. 2°. *De Nancy :* une garnison révoltée, méconnaissant tous les décrets, est réduite par un général qui n'a marché que sur un ordre précis et légal : où sont les meurtriers ? aux fenêtres, dans les caves de cette ville ? et les assassinés sont les soldats fidèles commandés pour cette expédition : est-ce là ce que vous entendez ? 3°. *De Tournay :* j'avoue que je ne sais ce que c'est que les massacres de Tournay. 4°. *Des Thuileries :* Louis XVI, loin d'être le meurtrier de cette journée, n'en a été que la victime; la chose est bien démontrée aujourd'hui : personne n'ignore, et tout homme de bonne foi convient que le plan d'attaque du château était médité, convenu, décidé avant le 10 Août ; il n'y a plus que les sots et ceux qui trompent le peuple, qui croient, ou ont l'air de croire, que Louis XVI ait voulu écraser Paris, avec quelques centaines d'hommes mal armés, et encore plus mal commandés; et sur-tout qu'il ait ordonné de faire feu sur le peuple, pendant qu'il se livrait à ses ennemis, en se renfermant dans l'enceinte du Corps législatif : la première obligation d'un écrivain qui veut convaincre, est d'avoir le sens commun : s'il avance des faits absurdes, il ne sera pas cru. Les meurtres de Louis XVI se réduisent donc à peu de chose, C. M. ; et ce n'est pas la première fois qu'on aura vu, dans le cours de la révolution, ceux qui ont fait le mal, le reprocher aux autres : ne pensez pas que je veuille par-là vous accuser de meurtre : je vous considère seulement comme un des membres de cette Convention qui, par les crimes qu'elle a commis, ou ceux qu'elle a laissé commettre, fera oublier les règnes de trente tyrans.

TROISIÈME LETTRE.

(Page 10.) » BRAVER les têtes couronnées, les humilier, rendre toute réconciliation impossible, attacher la nation entière à la révolution, en l'attachant à ses excès ; voilà quel fut le but de ceux qui voulurent gouverner ».
Ce que vous dites-là, est relatif au jugement de la reine, et au massacre inutile de la sœur de Louis XVI ; vous avez raison : cependant le but des assassins peut être manqué : sont-ils sûrs que la nation entière sera responsable des crimes qu'eux seuls ont commis ? Ils n'oublient rien, je le sais, pour attacher toute la France à leur cause ; c'est bien compter sur son aveuglement stupide que de l'espérer.

(*Page* 12.) » L'enfant de Louis XVI, mort au Temple, ne fut point empoisonné : lié d'amitié depuis trente-cinq ans, avec le chirurgien qui fit l'ouverture du corps, j'atteste que c'est l'homme du monde le plus incapable de signer autre chose que la vérité ». C'est à merveille ; vous répondez du chirurgien : actuellement, C. M., qui répondra de vous ?

(*Page* 13.) « Les deux frères de Louis XVI auraient mis leur tête sous le rasoir national, (terme *plaisant*, selon le C. M.) sans leur prudente et heureuse fuite ». Dans un autre endroit vous les blâmez d'avoir fui : je m'en tiens à cette version-ci. « Leur nièce ne fut conservée que pour servir d'échange aux quatre députés que la basse trahison de l'infame Dumouriés avait livrés à l'ennemi ». Dumouriés est bien moins blâmable, puisqu'il a fourni à la république un moyen de conserver le seul rejetton de Louis

XVI, sans être soupçonnée de crainte ou de faiblesse. Sans le vif desir de revoir au sein de la Convention les membres qui en faisaient l'ornement, la princesse serait peut-être morte, comme son frère, d'une humeur scrophuleuse, et votre ami de trente-cinq ans aurait éclairci tous vos doutes à ce sujet. C'est bien le cas d'appliquer ce vers : *l'effet en est trop beau*, etc. « La tête de Drouet en danger, faisait respecter celle de la princesse ». Ce brave homme a bien reconnu la conduite de ses collègues, lors de la conjuration de Babœuf ; ils ont dû se féliciter amplement de l'avoir tiré des prisons de l'Autriche : la reconnaissance est une belle chose ; comment a-t-il pu se résoudre à flétrir ainsi les lauriers acquis à Varennes ? mais à propos, j'oublie qu'il a été absous par la haute-cour ; mille pardons.

(*Page* 15.) « Le comte d'Artois se souvient-il du jour où il tournait tout

Paris à cheval, pour visiter les portes par où les troupes devaient entrer pour saccager la ville ? » Le prince peut s'être promené à cheval, sans avoir vu ce que vous dites : j'ai déjà répondu à ce ridicule roman : Paris n'a jamais dû être saccagé, par cela seul, qu'il l'aurait été en pure perte, et sans aucun avantage pour le monarque : c'est une folie qui n'a passé que par la tête de ceux qui ont voulu déguiser ou justifier leur terreur, décider le peuple à une insurrection soudaine et générale, par la crainte d'un péril imminent et commun à tous ; le peuple l'a cru, et c'est tout ce qu'on voulait : il vous en coûterait si peu d'avouer aujourd'hui qu'il a été trompé ; l'effet a été produit tel que vous l'espériez : est-ce que vous auriez quelques prétentions à sa confiance pour l'avenir ? eh, bon Dieu ! cet aveu ne vous la ferait pas perdre ; ignorez-vous que le peuple ne change pas de caractère, et que la crédulité est entièrement la base du sien : dites-lui franchement : *Français, nous vous trompons depuis dix ans ;* recommencez demain, il vous croira encore : pauvres humains ! pauvres humains ! comme vous le répétez assez fréquemment dans votre ouvrage, avec l'intime conviction que vous êtes bien au-dessus de ces bonnes gens, et Dieu le sait !

(*Page* 17.) « Les tantes du roi allèrent à Rome trouver le pape et l'abbé Maury, ce grand inventeur de l'émigration ». L'abbé Maury n'a rien inventé ; l'émigration aurait eu lieu sans ses conseils ; et lui-même n'a émigré qu'à la dissolution de l'Assemblée constituante, c'est-à-dire, long-temps après la sortie de presque tous les émigrés qui ne sont pas du 31 Mai. « Mais voici que les troupes françaises, au moment où j'écris, entrent à Rome comme de plein-pied, que nos soldats plantent le drapeau tricolor sur les murs du capitole, et qu'ils disent aux ombres de Caton, de Brutus et de Pompée : *réjouissez-vous, votre république est ressuscitée* ». Avant d'écrire cette phrase, C. M., vous auriez dû attendre que ces grands évènemens eussent acquis une sorte de consistance ; car vous vous exposez à voir retorquer votre argument de la manière la plus fâcheuse ; on vous dira : *voici que les troupes françaises sortent de Rome, que nos soldats abandonnent leur drapeau tricolor, qui ne flotte plus sur les murs du capitole, et qu'ils disent à ces ombres :* (dont les trois-quarts d'entre eux, même des officiers, n'ont jamais entendu parler) *gémissez ; votre république, ressuscitée pour quelques mois, est morte de nouveau.* Quelle résurrection pour en faire trophée ! Peut-être reprendrons-nous Rome dans six mois, pour en être chassés dans neuf.

(*Page* 18.) « L'imagination aura peine à se figurer la gaieté folle, la turbulence,

turbulence, l'ivresse bouffonne du parisien, allant chercher à la cour le boulanger, la boulangère et le petit mitron ». En effet, quoi de plus gai, de plus plaisant que la nuit du 5 au 6 Octobre, et l'arrivée du Roi à Paris, précédé de deux têtes de ses gardes du corps : il faut avoir votre esprit pour trouver là le mot pour rire : et vous voudriez qu'on s'appitoyât sur votre sort, et celui de vos amis les 72 incarcerés par Robespierre et destinés à l'échafaut ; oh par ma foi, je trouve cela encore plus burlesque, je vous jure, que les journées des cinq et six Octobre, et si je suis condamné à rire de l'une des deux catastrophes, je vous certifie que ce sera de la vôtre.

(*Page* 21.) » Ainsi la chûte de la famille royale fut amenée par une foule d'accessoires aujourd'hui oubliés, mais qui diront à l'historien que les plus grandes catastrophes ne s'opèrent pas d'un seul coup et brusquement ». Cela est vrai : pourquoi donc prétendez-vous ailleurs, que le coup de canon qui coupa la chaîne du pont-levis de la bastille, (qu'on baissa, puisqu'une chaîne coupée n'aurait pas suffi pour l'abattre) renversa la monarchie? depuis le 14 Juillet, que tant de gens regardent comme son dernier jour, Louis XVI a eu vingt occasions de remonter sur le trône : il a fallu qu'il les méconnut ou les négligeât toutes, pour n'avoir pas reconquis ce diadême si long-temps séparé de sa tête, sans, pour cela, être brisé.

(*Page 22.*) » Nos armes victorieuses ressuscitent la république romaine ». On vient de voir ce que c'est que cette résurrection. » Sortez de vos tombeaux grands hommes, qui avez fait la gloire du Capitole, ce sont les français qui rétablissent les Consuls ». Et pour long-temps. » Ils régénèrent les peuples qui veulent être leurs amis ». Et c'est-là, peut-être, la plus grande sottise du gouvernement français qui en a tant fait. Si, satisfait d'agir à sa volonté dans son intérieur, il eut résisté à cette injuste et puérile gloire de donner la liberté à des peuples, qui ne la lui demandaient pas, son ouvrage serait consolidé ; au lieu, qu'il est permis de douter, qu'il résiste éternellement à cette multitude d'ennemis que nous nous sommes gratuitement attirés, et dont de long-temps, nous ne pourrons regarder l'adhésion comme certaine, comme durable. » Par-tout où l'humanité réclamera la destruction du pouvoir royal, de ce pouvoir monstrueux qui offense la dignité de l'homme, par-tout elle trouvera des citoyens français, qui, enorgueillis de ce titre, s'empresseront de l'aider à fonder ou à redresser les autels de la liberté ». Le pouvoir-royal est monstrueux, soit ; cependant nous en trouverions, peut-être, en cherchant bien, qui le seraient encore davantage, sans compter celui des Comités sous Robespierre : mais de quel droit constituez-vous les français, les don Quichottes de l'univers, les chargez-vous de redresser les torts des souverains, et de rendre les nations libres malgré elles ? Croyez-vous que ces milliers de malheureux, forcés de recruter nos armées, affrontent gaiement la mort, ou la mutilation plus horrible encore, pour fonder, en Italie, cinq ou six républiques, et pour déposséder quelques princes allemands qu'ils ne connaissent pas ? Que la patrie invoque leurs bras pour sa défense, rien de plus naturel ; l'âge, la force, le célibat, tous les motifs se réunissent pour les placer en première ligne ; mais je le répéte, autant il est juste de les employer à la défense de leur pays, autant il est injuste de les faire servir d'instrumens à une ambition criminelle, ou à cette vaine gloire d'être appellés libérateurs du genre humain ? Hélas ! si nous consultions ceux que nous avons *libérés* jusqu'à présent, ils nous supplieraient de ne plus nous mêler de leurs affaires ; aussi ne les avons-nous consultés ni avant ni après.

(*Page* 23.) » Le destin de la cour de Rome sera celui de toutes les autres cours despotiques ». Vous y abonneriez-vous, C. M. : je vous prends par vos paroles. » Les soldats des autres nations dès qu'il s'agira d'abandonner ces orgueilleux potentats, qui régnent par les crimes, joueront tous le rôle de *soldats du pape* ». Prenez garde, vous dépréciez la valeur française, et ce n'est pas votre intention : quelle gloire acquérront nos armées, si elles n'ont à combattre que des soldats du pape, ou l'équivalent ? Dites, au contraire, que le milicien ennemi vaut le grenadier hongrois ou russe ; alors nos victoires seront réellement dignes d'être chantées par les grands poëtes de l'Institut national de France. Vous décidez formellement que les souverains *régnent par les crimes* : je nie le fait : il en existe qui régnent paisiblement, et dont les sujets ne sont point à plaindre : il ne faut pas induire de ce que les despotes peuvent être tyrans, qu'ils le soient toujours : je vous crois trop juste et trop éclairé pour confondre les deux choses : ce serait aussi absurde, que de vouloir qu'une femme tête-à-tête avec un homme devint toujours criminelle, par cela seul qu'il ne tiendrait qu'à elle de le devenir. Si vous avez voulu dire, que les souverains, soit par eux, soit par leurs prédécesseurs ont usurpé le pouvoir dont ils jouissent, et que c'est conséquemment du crime qu'ils le tiennent, je conviens, qu'en remontant au plus haut, la chose est probable ; mais dans cette hypothèse même, je donne la préférence à ceux qui peuvent rejeter l'usurpation sur des ancêtres plus ou moins éloignés : et je me fonde sur ce que, généralement parlant, le fils d'un père criminel, jouissant du fruit de ses crimes, est moins coupable que celui-là même qui les a commis pour son propre avantage. Je vous laisse à vos refléxions.

(*Page* 30.) Chapitre 85ᵉ; *des assignats*. Il y aurait de quoi écrire un volume, si on voulait retorquer tous les déraisonnemens de ce chapitre, sans contredit, un des plus curieux de l'ouvrage : dans l'impossibilité de tout discuter, je m'attacherai à quelques passages qui m'ont paru les plus saillans.

» Jamais on ne vit une conception plus audacieuse, » cela est vrai, » elle fut accompagnée de cette loi non moins étonnante, qui fixait le prix des denrées et des marchandises ». Erreur de fait : les assignats ont été créés au milieu de 1790, et le *maximum* a été décrété en 1793, plus de trois ans après ; ainsi le terme *accompagnée* est inexact. » Le *maximum* soutint l'assignat » c'est-à-dire, qu'aidé du régime de Robespierre, il le releva pour quelque temps.

» Il lui imprima la vie et le mouvement, » cela devait être ; puisqu'on était suspect pour posséder un écu ou pour en prononcer le nom, il fallait bien qu'une monnaie quelconque circulât. » il était déjà calculé qu'il y avait deux fois trop d'assignats, que l'assignat se soutenait encore ». J'admire comment vous vous y êtes pris, pour savoir s'il y en avait deux fois, ou dix fois trop ; avez-vous jamais connu précisément la masse des assignats en circulation ? Vous seriez bien habile ; je doute que Cambon l'ait jamais sû, qui avait cependant *la main à la pâte ;* demandez à M^r. son père, citoyen de Montpellier, qui en recevait des liasses par tous les couriers. Comment voulez-vous que l'assignat ne se soutint pas, quant il fallait s'en servir exclusivement, sous peine de mort, ou à-peu-près ? » Il fallut, pour ainsi dire, pour le tuer, vouloir le tuer, et même le tuer de gaieté de cœur, il fallut une émission plus qu'extrava-

gante pour lui donner le trépas ». *Vous errez maître Eloi*, le *maximum* rapporté, l'assignat qui n'avait que ce soutien unique devait succomber : ce n'est pas l'émission extravagante qui l'a tué ; sa déclinaison successive et si rapide l'a nécessitée de la part du gouvernement ; car, lorsque le louis était à 8 et 10 mille francs, et qu'il fallait au trésor public la valeur d'un million *écus* par jour, s'il ne fut sorti des presses de Cambon que la moitié, rien n'aurait marché. Or cette émission extravagante a été forcée ; et l'on ne peut donc pas dire, qu'elle ait donné la mort à l'assignat, puisqu'il serait mort sans elle. » Mais il conserva (l'assignat) son caractère *vivace* jusques dans son agonie ». Vraiment, oui, rien de plus vivace qu'un papier qui perdait *quatre* ou *cinq cent* pour UN ? Bientôt le papier en nature aurait valu intrinséquement ce qu'il représentait. Quoi de plus *vivace !* ah !
C. M.

(*Page* 31.) « Singulière et étonnante expérience ! on fait tout des hommes lorsqu'on sait leur commander ». Il n'y a de singulier et d'étonnant que votre surprise; l'histoire de tous les pays et de tous les siècles a confirmé cette vérité, laquelle doit être mieux démontrée à un français qui à tout autre.

« Rappellons-nous que ce signe (l'assignat) a été nécessaire dans le temps, qu'il a fait des prodiges, qu'il a créé des moyens, qu'il a multiplié les ressources, qu'il a soutenu les armées, qu'il les a conduites mille fois à la victoire, qu'il a fait la révolution, qu'il a conquis la liberté, qu'il a fondé la république ». Tout cela est vrai. » L'assignat est donc absous ». Oh ! c'est une autre affaire. Si l'assignat seul avait opéré ces prodiges, peut-être, se consolerait-on de la ruine de tant de familles, en envisageant le bonheur *futur* de la France ; car vous conviendrez qu'il n'est encore qu'en perspective ;

il est vrai de dire, que sans l'assignat les autres moyens n'auraient pu être employés : avec quoi eut-on payé une douzaine d'armées, et des milliers de fonctionnaires supérieurs ou subalternes ? comptez-vous pour rien les MILLIONS d'hommes que la guerre a détruits ? Vous est-il bien démontré, qu'une république fondée sur les cadavres de tant de français lâchement égorgés, qui a presque anéanti la génération actuelle, pour rendre *peut-être* heureuses celles qui nous succéderont ; vous est-il bien démontré, dis-je, qu'elle ne soit pas payée fort au-delà de sa valeur ? Ce point est au moins à discuter, et par conséquent j'ajourne *l'absolution* de l'assignat : tout ce que je puis faire, c'est, de vous absoudre vous-même pour toutes les *balivernes* que vous nous débitez.

(*Page* 32.) « J'ai regardé l'anéantissement de l'assignat comme la faute la plus déshonorante pour la Convention, et la plus contraire à ce système hardi et quelquefois téméraire, qui lui prépara tant de triomphes ». A Dieu ne plaise, que je prétende excuser la Convention, ni pallier ses fautes ; cette besogne serait au-dessus de mes forces ; cependant je ne puis l'accuser d'un tort qui n'est pas le sien : l'assignat s'anéantissait de lui-même : ce n'est pas la substitution du mandat créé si bêtement par le Comité des finances, qui hâta sa perte : il aurait, à la vérité, mieux valu passer subitement de l'assignat à l'argent, puisqu'il fallait toujours en venir là. Il est, au sujet du mandat, une remarque curieuse : c'est que ce papier a été décrédité avec une telle promptitude, qu'on n'a pas eu le temps de l'émettre, et qu'il n'en a jamais existé que les *promesses* : fait que je crois unique dans les fastes des nations.

(*Page* 33.) « Ce qu'il y a de plus étonnant, c'est que la nation ait résisté à ce terrible contre-coup, et que ce passage subit du papier à l'argent, n'ait pas été marqué par d'autres calamités que la ruine de plusieurs particuliers ». Comme vous n'êtes pas de ces *plusieurs* particuliers, (c'est plusieurs milliers que vous avez voulu dire) cela vous est fort égal : c'est la philosophie du jour ; mais que vouliez-vous qui arrivât à la nation lors de ce passage subit ? les montagnes devaient-elles s'affaisser, et les fleuves remonter vers leurs sources ? N'est ce pas une assez grande calamité que la ruine d'un tiers de la France, qu'une banqueroute qui enlève de fait les deux tiers de la fortune des créanciers de l'état, et réduit le dernier tiers à 5o pour cent, (je ne parle pas de ceux que la misère a forcés de réaliser à 10 et 15 pour cent) c'est-à-dire, qui leur laisse en tout la sixième partie de ce qu'ils ont confié au gouvernement, et qui a été mis cent fois (sur le papier) sous la sauve-garde de la loyauté française ? vous trouvez que c'est encore trop peu de tout cela : dans votre prochaine édition, dites-nous ce qu'il faut y ajouter pour être en règle.

(*Page* 33.) » L'assignat a été l'impôt que l'on refusait au gouvernement, impôt le plus étendu que l'on puisse imaginer ». Oui ; car tel propriétaire a payé dans un an, dix ou douze fois son revenu : cet impôt si étendu était-il également juste ? « il a été payé sans contrainte, sans obstacle ». Il a été payé, au contraire, *forcément* ; l'homme qui achetait le pain 15 ou 20 francs la livre, la viande, le bois, à proportion ne payait pas sans contrainte, puisque c'était sous peine de mourir de faim. » Il a ordonné des sacrifices, qui sont devenus, pour ainsi dire, volontaires ». Vous nous prenez pour des grues, C. M. ; selon vous, c'est volontairement que mon fermier, mon débiteur m'auront donné pour deux mille écus, trois ou quatre louis, souvent moins : on voit bien que vos propriétés n'ont pas encouru la baisse ; vous vendiez vos chefs-d'œuvres à proportion, et vous étiez toujours au même point ; mais comme tout le monde n'a pas le bonheur d'avoir été membre de la Convention et de faire des livres, permettez à ceux que votre *bien aimé* assignat a ruinés, de se plaindre, et de ne pas l'adorer. » Tant on s'est consolé, tant on se console, au moment où j'écris, de ces pertes toutes fraîches ». Il y aurait bien de la sottise à ne pas se consoler de pertes irréparables : un homme dépouillé au coin d'un bois se console aussi, parce qu'il ne peut faire autrement ; cela prouve-t-il qu'il n'aimerait pas mieux n'avoir pas été volé ? » On est arrivé à un meilleur ordre de choses ». Voulez-vous dire, que le régime actuel vaut mieux que celui de Robespierre et même que celui du Directoire ? Vous aurez pour vous tous ceux qui ont gémi dans les prisons, leurs parens et leurs amis ;

c'est-à-dire, les dix-neuf vingtièmes de la France ou à-peu-près : mais prétendez-vous que cet ordre de choses ne saurait être meilleur ? *Nego.* » Ceux qui ont gagné se rient de ceux qui ont perdu ». Cela est fort plaisant, en vérité.» Et après le tirage de cette grande loterie, je crois appercevoir qu'on ne serait pas tout-à-fait fâché de la voir tirer de nouveau ». Oui, quand ce ne serait que pour ne plus y mettre. » Mais des coups aussi extraordinaires ne se frappent pas deux fois de suite ». C'est dommage, nous n'en avons pas assez d'une.

(*Page* 35.) « Un gouvernement est susceptible d'une infinité de modifications, et doit obéir au cours irrésistible des évènemens ; l'assignat l'a prouvé, et on le verra renaître sous une autre forme, quand la nécessité l'exigera : attendez-vous-y générations futures ». Vous donnez à ces générations futures une charmante perspective ; si c'est-là le bonheur que leur promet la révolution, je vous demanderai pour qui on l'a faite; si ce n'est ni pour nous ni pour nos descendans, il faut donc que ce soit pour nos grands-pères, et dans ce cas, il y a plus que de la générosité dans notre fait.

(*Page* 36.) « Ce qu'il y eut de remarquable, c'est que l'homme d'esprit gardait ses assignats, tandis que le sot s'en défaisait ». Or comme les gens d'esprit se sont ruinés à ce métier-là, que les sots se sont enrichis, il s'en suit que la révolution (que les assignats ont soutenue) a été faite pour ceux-ci, et vous la bénissez, C. M., voyez où cela vous mène.

(*Page* 38.) Vous racontez un fait arrivé en Angleterre, par lequel il conste que la jurisprudence de ce pays tolère la fabrication de faux assignats, et vous ajoutez : « Les Goths, encore demi-barbares, condamnaient à mort un faux-monnoyeur ». Je blâme la fabrication des assignats faux, par cette *unique* raison, que ces assignats peuvent et doivent tomber entre les mains de gens qui, les ayant reçus pour bons, ne pourront peut-être s'en défaire, perdront ce qu'ils valent, et seront exposés au danger de se voir poursuivis comme fabricateurs ou distributeurs : ainsi le but que se proposent ces faux-monnoyeurs, de ne faire tort qu'au gouvernement qui les trompe, est manqué : les Goths punissaient de mort les faux-monnoyeurs ; ils avaient raison ; les peuples non-barbares en font autant, ou au moins les punissent comme les plus grands criminels ; mais les assignats ne sont pas une monnaie qu'on puisse altérer : le faux-monnoyeur le plus avide n'enlève pas plus du quart, de la moitié, des deux tiers de la valeur des pièces d'or ou d'argent : l'assignat, au contraire, qui n'avait qu'une valeur idéale, et qui pouvait ne valoir que la deux ou trois centième partie de ce qu'il représentait, était lui-même une fausse-monnaie, et d'autant plus ruineuse que, sachant bien que vous ne receviez qu'un écu, il fallait, sous peine de mort, donner quittance de cent. Ainsi les faux assignats n'ont pas été plus fausse-monnaie que les véritables. Une observation curieuse, qui ne vous a sûrement pas échappé, est celle-ci : la loi obligeait de recevoir tous les remboursemens en assignats ; beaucoup de gens s'y sont refusés, malgré les peines dont ils étaient menacés ; qu'en est-il arrivé ? ils se portent bien, et leur créance est assurée *en bons écus :* ceux qui ont eu la bonhommie de suivre la loi, et celle plus grande encore de croire que tous en feraient de même, se sont laissé rembourser, et n'ont ouvert les yeux sur leur sottise que lorsque, refusés eux-mêmes par leurs créanciers, ils sont restés débiteurs *en numéraire :* gouvernement digne d'éloges ! lois admirables ! celui qui les méconnaît, conserve sa fortune; celui qui leur obéit, est ruiné!

(*Page* 39.) *Chapitre des ci-devant académiciens :* vous vous égayez bien sur leur compte, C. M.; convenez cependant que leur plus grand tort est de ne vous avoir pas admis parmi eux; ah! si on les eut pris au poids, (j'entends de leurs ouvrages) votre ancien ami Rétif de la Bretonne et vous, y eussiez occupé deux beaux fauteuils.

(*Page* 40.) « Il n'y avait plus parmi eux (les académiciens) un seul nom qui dépassât la stature de la médiocrité, ou la stature ordinaire ». C'est pourquoi ils n'ont pas voulu admettre un géant : nouveau *Gargantua*, vous les auriez écrasés. « Ils tombèrent comme des capucins de cartes, sans que personne y fit la moindre attention ». Cette chute obscure ne fait aucun tort aux sociétés savantes et littéraires : comment ces corps pouvaient-ils opposer quelque résistance à ce choc terrible, à cette impulsion générale qui devait tout entraîner, le clergé, la noblesse, les parlemens, jusqu'au trône ? Vous vous étonnez de l'anéantissement des académies qui, faisant partie de l'ancien ordre de choses, devaient disparaître, d'après le plan de détruire jusqu'aux noms ; et vous ne parlez pas de celui de vos évêques constitutionnels, de vos deux conseils, de vos cinq directeurs ; voilà les vrais capucins de cartes, qui n'ont vécu que pour donner à l'univers le passe-temps de les voir mourir ; et que de capucins de cartes nous aurons encore avant la fin de la révolution !

(*Page* 45.) « Le jour désastreux ». Quel est-il ? le 6 Octobre, où une populace furieuse, après avoir avili l'Assemblée constituante pendant plusieurs heures, traîna son roi à Paris, précédé par les têtes coupées de ses gardes ? NON : le 20 Avril 1791, où le peuple de la capitale, en s'opposant au départ du roi pour St. Cloud, prouva à l'Europe, encore en suspens, qu'il n'était pas libre, et frappa de nullité tous les décrets qu'il avait sanctionnés depuis son séjour à Paris ; NON : le 20 Juin 1792, où les autorités constituées permirent à la populace armée de braver, d'insulter le roi, de l'avilir jusques dans ses appartemens ; NON : le 2 Septembre, époque à jamais mémorable des massacres des prisons ; NON : le 10 Mars 1793, ou l'on créa le tribunal révolutionnaire ; NON : le 17 Septembre 1793, qui vit rendre la loi des suspects ; NON : le 13 Vendémiaire, le 18 Fructidor ? NON, NON... *le* 31 *Mai :* pourquoi le 31 Mai ? est-ce parce que de ce jour data le règne de la terreur, le règne de Robespierre et des épouvantables comités ? tout cela y entre bien pour quelque chose ; mais la véritable raison, la raison par excellence, c'est que les girondins ont été vaincus ce jour là, et que le C. M. est un soldat in-

valide de cette malencontreuse armée.
J'ai déjà dit, et je répète volontiers,
que la France eut été moins malheureuse si le parti girondin eut triomphé :
donc leur défaite a été un grand malheur : cela ne prouve pourtant pas,
comme vous le prétendez, que ce parti
ne renfermât que des hommes purs,
éclairés, vertueux : cela rappelle seulement une vérité triviale : *que dans
le pays des aveugles, les borgnes sont
rois.*

« Jusqu'au 31 Mai, la Convention, qui a fondé la république,
l'esprit de la Convention était excellent.... c'est par lui que les lois ont
été bonnes, que les armées ont été
bonnes ». Il faut donc citer quelques-unes des lois faites avant le 31 Mai ;
et si je démontre qu'elles sont cruelles,
incohérentes, absurdes, vous avouerez
que le 31 Mai n'a pas changé l'esprit
de la Convention ; et que même lorsque
vous y siégiez (et que vous étiez li-

bre), on y a fait beaucoup de sottises. Pour ne pas trop charger cette nomenclature, je me bornerai aux deux lois rendues contre les émigrés, en Novembre 1792, et Mars 1793, également atroces par leur effet rétroactif, et à celle du 19 Mars 1793, sur les *révoltes* et *émeutes contre-révolutionnaires* : relisez ces lois, pesez-en les divers articles, et rougissez d'y avoir coopéré : je vous ferai grace de celles rendues en 1795, par la Convention redevenue libre, purgée de ses tyrans : la moisson serait trop riche, trop abondante : feuilletez le bulletin des lois de cette année ; je n'exige de vous que cette complaisance : vous reconnaîtrez votre ouvrage dans cet assemblage monstrueux, dans cette masse informe, et vous serez puni.

(*Page* 47.) « La Convention ne reprend sa force et son caractère que lors du triomphe de Vendémiaire, lorsqu'il fallut enfin vaincre pour l'établissement

sement de la constitution ». Observez que ce triomphe, dont vous devriez rougir, n'eût pour but que l'exécution des décrets des 5 et 13 Fructidor, et non l'établissement de la constitution, à laquelle personne ne s'opposait : vous avez encore voulu dans cette occasion, comme dans tant d'autres, confondre vos intérêts particuliers dans ceux de la chose publique, et convaincre les parisiens qu'il était indispensable que les deux tiers d'entre vous tinssiez encore les rênes de ce nouveau gouvernement : le peuple a été convaincu à coups de canon, et cette preuve en vaut bien une autre.

« Et qui a fait cette constitution ?... ce sont ces députés qui ont combattu sur la brêche jusqu'au 31 Mai, (du nombre desquels est le C. M.) qui ont maintenu la dignité, la liberté et la gloire nationale, en donnant à la constitution de l'an 3, cette forme *simple et vigoureuse qui étonne la pensée de*

G

l'homme, *de l'homme civilisé*, et lui fait remercier l'être-suprême de la nouvelle existence qu'il a reçue sous ses auspices ». Après un éloge aussi pompeux, où l'amour paternel entre bien pour quelque chose, vous avez dû, vous et tous vos confrères, faiseurs de cet admirable ouvrage, être bien étonnés de sa chûte, de l'avoir vu disparaître en deux heures ; je n'en suis pas moins très-convaincu, (comme si je l'avais vu) que vous avez tous approuvé unanimement la constitution nouvelle ; or si elle est meilleure que la vôtre, assurément le peu de temps qu'on a mis à la fabriquer, prouve qu'il n'était pas difficile de faire mieux que vous ; dans le cas contraire, vous devez en conscience maintenir, de tout votre pouvoir, celle qui vous a couvert de gloire, qui par *sa forme simple et vigoureuse, étonne la pensée de l'homme, de l'homme civilisé :* quelle vigueur ! il faut que Bonaparte soit peu civilisé ;

car on ne saurait être moins étonné qu'il ne l'a été de cette magnifique conception de l'esprit humain ! C. M., avec un gouvernement tel que le nôtre, on ne fait l'éloge d'une constitution que lorsqu'elle a duré quinze ans, ou l'on s'expose à ..... ce qui vous arrive.

(*Page* 52 *et suiv.*) Copie d'un placard adressé aux parisiens par le C. M. onze jours avant le *triomphe* de Vendémiaire...... Je n'en releverai qu'une phrase, quoique plusieurs pussent être relevées. « Songez que tous les rois ont une cause commune à soutenir ». L'expérience a prouvé la fausseté de ce principe. Depuis huit ans, la nullité de la coalition, le peu d'accord qui règne entre les souverains armés contre la France, tout a démontré qu'ils ne regardaient pas leur cause comme commune. Le roi d'Espagne, notre allié ; le roi de Prusse, neutre depuis sept ans ; les rois de Danemarck et de

Suède, depuis le commencement de la guerre ; que d'argumens à opposer à votre dire ? « Louis XVII ou XVIII, ne vous pardonnerait pas d'avoir investi le palais de Louis XVI, d'avoir souffert qu'on le conduisît à l'échafaud ». Il leur pardonnerait, et vous le savez bien ; mais ici votre intérêt se trouve tellement en opposition avec la vérité, que malgré votre franchise accoutumée, il vous a été impossible de ne pas vous en écarter : vous ne pouviez pas leur dire : « Parisiens, mes bons amis, Louis XVII ou XVIII vous regarderaient comme des êtres passifs, des instrumens aveugles ; ils vous excuseraient d'avoir investi le palais de Louis XVI, et ne puniraient que ceux auxquels vous avez stupidement obéi ; il vous pardonneraient d'avoir souffert qu'on conduisît Louis XVI à l'échafaud, mais ils ne pardonneraient peut-être pas à ceux qui l'y ont envoyé : ainsi faisons cause commune, et ne nous abandonnez pas ». Il était à craindre que les parisiens ne fussent pas séduits par cette invitation ; c'est pourquoi vous avez préféré de leur en faire une toute différente ; l'évènement a prouvé jusqu'à présent que vous connaissiez vos compatriotes, et vous ne sauriez les blâmer de leur crédulité. « Vous verriez bientôt des phalanges étrangères inonder vos murs, se partager vos dépouilles, se baigner dans votre sang ». Suite de la phrase précédente : même réponse.

(*Page* 136.) « Bientôt je rentre dans le cercle, (des bals) ayant bien saturé mes regards de toutes ces attitudes diverses, de tous les points de vue piquans et réellement neufs, car je suis statuaire et peintre dans mon cerveau ». C'est une manière sûre pour que vos ouvrages échappent à la critique. « Et voilà pourquoi il n'y a pas un seul tableau au muséum que je ne refasse dans mon imagination ». Il est clair que n'étant peintre que dans le cerveau, vous ne pouvez guères les refaire autrement. « Ah ! pauvres peintres, que vous êtes en général froids, monotones, sans esprit, et sur-tout sans invention » ! Ah ! pauvres écrivains, qui voulant parler de tout, traitez des sujets auxquels vous n'entendez rien, que vous êtes en général déraisonneurs, ridicules, sans goût, et sur-tout sans intérêt.

(*Page* 137.) « Qui croirait au milieu de ces bals, que la guerre est sur nos frontières !... que l'Europe conjurée, soumise au fanatisme insensé, au dogme des rois, menace opiniâtrement la France ». Il était reçu de dire l'Europe conjurée contre nous, quand il était positif que nous avions pour allié le roi d'Espagne; que ceux de Prusse, de Suède et de Danemarck n'étaient pas nos ennemis, et qu'enfin nous n'avions à combattre que l'empereur, qui seul a resté dans l'arène, la

Russie qui n'y a paru qu'une fois, (qui aujourd'hui est notre alliée) et l'Angleterre, dont les forces sur terre sont de toute nullité : ce n'est pas là l'Europe entière ; et sans vouloir déprécier la valeur de nos armées, je dirai ce que je pense fermement, que si réellement toute l'Europe était liguée contre nous, et coalisée de bonne foi, un an suffirait pour forcer la France à re-revoir les lois qu'on voudrait lui donner. Ce langage paraîtra dur à des oreilles républicaines ; mais il est fondé sur la raison, sur la vérité : le courage, la bonté de la cause qu'on défend, peuvent doubler les forces, soit ; ils ne les centuplent pas. Remercions donc la providence qui a voulu que les souverains ne s'accordassent pas pour nous réduire ; qui a permis que l'un sortit de la lice, quand l'autre y entrait ; qui enfin, a veillé sur l'enfance d'une république, contre laquelle tous les élémens semblaient conjurés.

(*Page* 145.) « Dans les caves, etc. on danse au son d'un violon grossier tous les dimanches et toutes les décades ». Je suis fâché d'être obligé de vous rappeller ce que vous savez sans doute mieux que moi, que *décade* signifie un intervalle de dix jours, comme semaine un de sept jours, et qu'il faut dire *décadi* et non décade, pour désigner le jour de repos, consacré par l'immortel calendrier du *mortel* Fabre-Déglantines.

(*Page* 160.) « Il faut être ruiné par la révolution ; et celui qui avait vingt pistoles de revenu, veut vous faire accroire qu'il avait 20 mille livres de rente. » Il y a sans doute des gens qui abusent des maux causés par la révolution, pour paraître plus malheureux qu'ils ne le sont réellement ; mais penseriez-vous, C. M., que personne n'a été *ruiné*, absolument ruiné par elle ? vous vous tromperiez : celui qui dit avoir perdu plus qu'il n'avait, a tort; celui qui a perdu le peu qu'il avait, a droit de se plaindre. « Chacun appelle la paix à grands cris, et personne ne se réjouit de nos étonnantes victoires ». Cela n'est pas aussi inconséquent que vous paraissez le croire : depuis près de neuf ans, les relations de nos gazettes, de nos historiens, ne retentissaient que de victoires : les Russes, les Autrichiens, les Anglais, (la mer exceptée) n'avaient pu résister à l'impétuosité de nos phalanges : si nous avions essuyé, par hasard, un léger revers, avant trois jours il avait été réparé par une victoire éclatante. Si nous avions été quelquefois forcés à la retraite, elle avait été un modèle pour les générations futures : celle des dix mille n'en approchait pas : quel avait été jusqu'à présent le produit de tant d'exploits ? la perpétuité d'une guerre affreuse, entre-mêlée de quelques armistices bien courts, de quelques signatures de préliminaires de paix, jamais consolidés, et par conséquent la continuation des réquisitions en hommes et en denrées, des impôts les plus onéreux : or, supposons actuellement un homme bien simple, ne connaissant ni la politique, ni l'honneur national, doué uniquement de ce gros bon sens pour lequel tant de gens pétris d'esprit devraient en céder une bonne moitié ; présentons à cet homme le tableau que je viens de tracer, et demandons-lui ce que doit faire cette nation par-tout victorieuse, et cependant toujours en guerre, et toujours malheureuse : il nous répondra ces mots terribles : *puisque la victoire n'a pu, après neuf ans, lui procurer la paix et la tranquillité, SEUL bien de tous les peuples, qu'elle gémisse de ses succès, et qu'elle souhaite des REVERS.* Ce vœu serait naturel et conséquent. Alors si par-tout vaincue, la paix lui devenait tellement nécessaire, qu'elle fut forcée aux plus grands sacrifices, il faudrait bien qu'elle en passât par-là ; si les défaites n'atteignaient pas le but desiré, permis à elle de cueillir de nouveaux lauriers, parce qu'en dernière analyse, le temple de Janus devant être toujours ouvert, il vaut encore mieux battre qu'être battu.

Voilà donc la paix faite avec l'Autriche, (malgré l'assassinat de nos ministres à Rastadt, qui devait rendre la guerre éternelle); mais peut-on compter sur une paix *forcée*, où la bonne foi n'entre pour rien ? de plus, l'Angleterre, restant seule dans l'arène, est hors d'état de nous tenir tête : elle doit donc user de tous ses moyens, augmenter même ses dettes immenses, pour renouer, bien ou mal, une coalition, et rattacher à sa cause quelque puissance continentale : ces motifs me font regarder cette paix comme un simple armistice : je desire me tromper; et ce dont je suis très-convaincu, c'est que les conscriptions et réquisitions n'iront pas moins leur train ; ce sera pour l'Angleterre, pour le Portugal, pour la Turquie; que sais-je ?

(*Page* 160.) « Le bourgeois de Paris plaint les prêtres ». Il a tort ; et vous, enviez-vous leur sort ? « Parle de sa misère, de ses incommodités, qui toutes viennent de la révolution ». Si elles n'en viennent pas toutes, il est bien possible qu'il en vienne quelques-unes : les malheureux entassés dans des cachots, sous Robespierre ; ceux errans dans les bois, pour se soustraire à la mort ; ne trouvez-vous pas possible qu'ils ayent contracté des incommodités, même graves? votre amour pour la révolution vous aveugle ; croyez qu'il est aussi ridicule de ne l'accuser d'aucun de ses malheurs, que de l'accuser de tous.

(*Page* 161.) « Le refrein éternel, c'est le malheureux sort des rentiers ». Oh ! parbleu, C. M., vous abusez du privilège de noircir le papier : on dirait que ces rentiers sont des êtres de raison; quoi ! des gens à qui on ôte les cinq sixièmes de leurs biens, d'un trait de plume, (comme je l'ai démontré plus haut) n'auront pas le droit de se plaindre; et parce que des mendians de profession se donnent pour de pauvres rentiers ruinés, cela veut dire qu'il n'existe pas un de ces derniers ? oui; j'en conviens, cet abus est réel, et atténue l'intérêt que l'on doit aux véritables rentiers : je vous dirai cependant que le plus fort argument contre la bienfaisance, est la diminution extrême des fortunes chez les gens susceptibles de faire le bien; ceux qui les ont remplacés ne s'amusent pas à de pareilles bagatelles, et s'accoutument difficilement à donner, après avoir passé leur vie à prendre ou à recevoir.

(*Page* 167.) « On demandait à un petit-maître, ce qu'il idolâtrait le plus des *filles*, ou des chevaux ? il répondit : j'aime mieux les femmes, mais j'estime plus les chevaux ». Je ne sais à propos dequoi vous citez ce mot, ni ce que vous en pensez : pour moi, je le trouve très-profond, très-philosophique, et beaucoup plus sans doute que ne l'a cru celui qui l'a dit.

(*Page* 171.) « Il n'est pas un mur, pas un angle de porte qui ne soit triplement couvert d'imprimés, portant annonce de remède pour la guérison radicale de la maladie vénérienne ». Vous faites le procès à la police de Paris et des grandes villes, vous avez raison; c'est elle qui tolère ces affiches, ces annonces multipliées d'empoisonneurs effrontés, ces étalages de livres obscènes qui couvrent les quais, les ponts, les boulevards; que dis-je, les tolère; elle les encourage, puisqu'elle ne les empêche pas.

(*Page* 175.) « Plusieurs regrettent les assignats, qui imprimaient à tous les objets mercantiles une vive circulation ». En vérité il faut avoir des regrets de reste, pour que les assignats y ayent part : je ne vois que les agioteurs ou les fripons, ce qui est tout un, qui puissent regretter cette branche de commerce. « Un grand nombre desirait, et ce vœu est presque général, le rétablissement d'une loterie, que tout commande impérieusement ». Le grand mot est lâché : vous voulez une loterie, C. M. ; pourquoi dans votre admirable Tableau de Paris, avez-vous peint la loterie comme un impôt odieux, immoral, honteux pour le souverain ? vous vous êtes donc repenti d'avoir consacré une grande vérité, une vérité éternelle ; et vous venez effrontément réveiller la rapacité d'un gouvernement sans morale ; félicitez-vous, la loterie a été rétablie ; non contente de deux tirages par mois, l'avidité républicaine en a voulu trois : elle a voulu accroître encore le vice de l'ancienne loterie ; et c'est ainsi qu'on a réparé tant d'abus du régime monarchique, sous lequel on n'avait pas imaginé d'établir des tirages dans plusieurs villes, pour les multiplier! mais vous, qui, à l'inconséquence de louer aujourd'hui ce que vous avez outrageusement blâmé il y a vingt ans, joignez la bassesse d'avoir accepté, peut-être mendié, un emploi dans l'administration de cette même loterie (en supposant que vous soyiez, comme je le crois, *contrôleur de la caisse des lots* ; si je me trompe, rayez cette phrase); comment osez-vous revêtir le manteau du philosophe, étaler des maximes dignes, selon vous, d'éclairer les hommes, vous ériger en un mot, en prédicateur du genre-humain ? je vous passe vos déraisonnemens sans nombre, qui, sur-tout depuis quelques années, divertissent à vos dépens tout ce qui lit les journaux ; mais je ne vous passe pas une aussi monstrueuse déviation de principes : eh, quoi ! le philosophe soumet donc aussi les siens à ses intérêts ! celui qui, à quarante ans, a *émis* une opinion raisonnable, la combat lui-même à soixante ; non content d'avoir souillé la tribune du Corps législatif, par cette erreur grossière, il l'imprime, la livre à l'examen de tous les hommes, et s'abandonne froidement lui-même à leurs mépris ! quel stoïcisme ! les partisans de la philosophie du siècle ne devraient-ils recueillir que ce don précieux, qu'ils lui auraient encore une grande obligation ! quel courage ne faut-il pas pour dire à l'univers : « jusqu'à quarante ans, je n'ai su ce que je disais : les nombreux ouvrages que j'ai enfantés jusqu'à cette époque, ne sont qu'un ramas de phrases, d'idées incohérentes : j'approche de soixante ans, et le temps m'a éclairé ; ce que j'avais blâmé, voué à l'exécration publique, mérite des éloges ; et comme on n'est jamais trop vieux pour se corriger, j'abjure les erreurs de ma *jeunesse !* » Qu'un pareil discours vous paraîtrait burlesque, C. M. ! eh, bien ! riez ; voilà ce que vous avez dit.

Je crois me rappeller qu'à la tribune du Corps législatif, vous prétendîtes que la loterie était un impôt sur les mauvaises têtes, et que par conséquent il fallait la rétablir : le premier point est vrai, et le second complettement absurde : un gouvernement sage peut-il tendre aux mauvaises têtes un piège de plus ? d'après ce principe, les banques de pharaon et de trente et un, sont très-morales, très-utiles ; car le jeu est aussi un impôt sur les mauvaises têtes : les gens sensés ne jouent pas, comme ils ne mettent pas à la loterie : bientôt sans doute, vous préconiserez également les banques de jeu ; que sait-on ? peut-être en solliciterez-vous l'inspection, et vous en démontrerez clairement l'excellence, dans le premier ouvrage dont vous gratifierez le public, bien convaincu pourtant en vous-même, que le métier de banquier est le plus vil et le plus méprisable de tous ceux qui enrichissent; que le jeu déshonore annuellement plusieurs citoyens, en ruine des milliers, qui, sans cet appât journalier, auraient pu employer utilement et honorablement leur temps et leur fortune, et finalement ne profite qu'à quelques centaines d'hommes et de femmes, au moins inutiles, et à quelques agens de police, qui confondent leur intérêt avec leur devoir : pesez bien ces inconvéniens, et dites s'ils peuvent être balancés par les avantages que je viens d'énumérer : quel contraste effroyable ! d'un côté, l'honnête homme ruiné ; de l'autre, le fripon enrichi ! je m'attends bien à voir ce dernier argument rétorqué : tous les banquiers, dira-t-on, ne sont pas des fripons ; j'en conviens, comme tous les pontes ne sont pas d'honnêtes gens ; mais j'ai voulu me servir d'un terme général, qui ne détruit pas les exceptions : il me suffit d'établir (et la chose est physiquement démontrée) que tous ceux qui retirent quelque produit du jeu, agens de police, banquiers ou *teneurs* de jeux, spéculent sur la calamité publique, sont intéressés de fait au profit des banques, puisque sans un gain énorme, elles ne pourraient alimenter ce tas de sang-sues qui dévorent le malheureux ponte, et suffire aux frais prodigieux dont elles sont grevées : ces gens-là doivent donc desirer la *ruine* de leurs concitoyens, s'abreuver chaque soir des pleurs que coûte la journée, s'applaudir des angoisses qui tourmentent leurs victimes, se réjouir dans l'espoir, trop bien fondé, de recommencer le lendemain : et l'on veut que je regarde cette masse d'individus comme composée en totalité, de gens probes, humains, vertueux ! non, non : je le répète, le métier est infame, et je n'en veux qu'une preuve pour finir : tout commerce où il est impossible de perdre, est nécessairement et par-là même frauduleux; et je conserverai mon opinion jusqu'à ce qu'on me cite une centaine de banquiers de pharaon ou de trente et un, qui s'y soient ruinés; et pour cela, il faut qu'ils aient eu quelque chose à eux en commençant : revenons à la loterie et au C. M., qui a su, si honorablement pour lui, attacher à jamais son nom à cette admirable invention ; on l'a appellé M. *Dramaturge ;* il mourra M. *Loterie.*

(*Page* 175.) « Le conseil des anciens, se piquant de sagesse, a rejetté tout projet de loterie ». Il était en vérité plus sage que vous : pourquoi n'a-t-il pas persisté dans sa sagesse ? parce qu'il était écrit que toutes les sottises possibles auraient lieu. « On pourrait dire aux anciens : avant de tout juger, apprends à tout connaître ». Et vous croyez que cela n'aurait pas pu se dire aux cinq-cents, à vous nomément ?

(*Page* 177.) « Mais faut-il encore vous l'apprendre ? ce n'est pas le pauvre qui alimente les roues de fortune ; s'il met à la loterie, c'est modiquement ». Grande nouvelle ; l'homme qui a peu d'argent ne met pas beaucoup à la loterie : cela ne veut pas dire pourtant que le pauvre n'alimente pas les roues de fortune : beaucoup de pauvres y mettent le peu dont ils peuvent disposer, ce qui étant répété, produit des sommes considérables : l'ouvrier, la servante, y jettent l'écu qu'ils ont épargné, et dont la perte les génera : le tirage suivant ils y risqueront deux écus, et en dernier résultat, ils voleront leurs maîtres pour ratraper leur argent, qu'ils ne ratraperont plus. Quelle honteuse ressource pour un gouvernement qui se dit grand, qui se dit juste ! assurément je parle ici contre moi ; je ne joue pas, je ne mets pas à la loterie ; il me serait en conséquence très-avantageux que la totalité des impôts fut assise sur des loteries et des banques ; cependant je déclare hautement que si la suppression de ces deux fléaux de l'espèce humaine amenait une augmentation dans les impôts, déjà énormes, auxquels tous les citoyens sont indistinctement soumis, non-seulement je ne m'en plaindrais pas, mais je féliciterais le gouvernement sur une opération dont la justice et la moralité effaceraient la honte dont il se couvre journellement lorsqu'il tolère et lorsqu'il encourage de tels établissemens, et bien plus lorsqu'il en profite.

« Vous vous appitoyez sur les habitans de la campagne ! vous ignorez donc qu'ils thésaurisent et qu'ils ont enfoui le numéraire... ». Je m'appitoie sur ces gens-là beaucoup moins que sur d'autres : je sais qu'ils ont prodigieusement gagné, qu'ils ont tiré un grand parti des chances révolutionnaires, et je veux croire qu'ils ont enfoui leur argent : eh bien ! qu'est-ce que tout cela prouve ? que le gouvernement a raison de leur offrir un leurre qui les tente, qui les décide à mettre au jour leurs écus ? non, ces petits moyens, ces misérables ruses, sont indignes de la *grande nation !* vous jugez le gouvernement français comme un particulier obscur ; encore dans un cas pareil, diriez-vous franchement que ce particulier est un fripon, et que ceux qui se fient à lui sont des dupes ? pourquoi donc louez-vous, exaltez-vous dans un gouvernement, ce que vous mépriseriez dans un particulier ? il me semble que si l'un des deux a moins de droits à l'indulgence, ce n'est pas le citoyen ignoré, dont la réputation ne s'étend qu'autour de lui, sur qui personne n'a les yeux, et sur-tout qui ne s'est pas donné d'avance pour l'homme le plus grand, le plus vertueux, le plus irréprochable ; celui qui se comble lui-même d'éloges emphatiques, repousse l'indulgence, et doit s'attendre à beaucoup de sévérité :

or,

or, C. M., après le gouvernement français, (qui ne s'en embarrasse guère) je ne vois personne qui doive craindre d'être jugé plus sévèrement que vous.

(*Page* 178.) « Eh ne dirait-on pas, d'ailleurs, que les loteries ne rendent rien de l'argent qu'elles reçoivent ? ». C'est trop plaisant, en vérité : Bientôt vous nous direz, que pour un écu elles en rendent toujours deux : et les banquiers de pharaon ne perdent-ils pas quelquefois ? Ah soyons de bonne foi, il suffit que l'avantage immense de la loterie soit mathématiquement démontré ; que l'état en retire plusieurs millions ; que les agens innombrables de cette administration soyent payés, et que toutes ces sommes réunies sortent annuellement de la poche des joueurs : je crois qu'aucun de ces points ne peut être contesté : voudriez-vous que les bureaux de loterie fussent des troncs d'où rien ne sortit plus ! Réellement vos refléxions sont quelquefois

H

d'un genre trop bouffon : j'ai ouï dire que souvent les voleurs en Angleterre, rendaient aux voyageurs une partie des sommes qu'on venait de leur remettre : cela est arrivé même en France, depuis que le gouvernement a voulu que nous n'eussions aucun reproche à faire aux anglais, qui n'occupent aujourd'hui que le second rang en Europe, pour la quantité de voleurs de grands chemins. Je vous conseille, d'après cela, de prendre la défense de cette classe de citoyens, qui rendent quelquefois une partie des sommes *prêtées*.

(*Page* 178.) « L'argent est le produit du travail ; ainsi qui perd son argent est forcé à un second travail ». L'argent n'est pas toujours le produit du travail ; il est souvent le produit du crime, de la bassesse, et alors celui qui le perd au lieu d'être forcé à un second travail, n'est forcé qu'à un second crime, à une seconde bassesse, et c'est pourquoi les joueurs à la loterie ne cherchent pas toujours, à réparer par le travail les pertes de la fortune. « Or on peut affirmer qu'il y a, aujourd'hui, trop de bras oisifs ». A Paris, cela se peut; il n'en est pas ainsi dans les campagnes où la dépopulation est effrayante, où le manque de bras se fait journellement sentir; et lorsqu'on voit des femmes labourer (je l'ai vu souvent) toute autre preuve est inutile. « J'en atteste les spectacles journellement remplis ». Ceux qui remplissent les spectacles ne sont pas oisifs : ils travaillent à leur manière ; ce sont des agioteurs, des escrocs, des filoux, des filles, etc. ajoutez-y les commis, les étrangers ; voilà de quoi garnir les spectacles ; je ne parle encore que de ceux de Paris ; ils sont déserts dans nos plus grandes villes de province.

(*Page* 179.) « Cet argent si précieux à la subsistance du pauvre, et qui lui reviendrait par voie de loterie, des dépenses pour des histrions de toute espèce et de toute couleur, depuis Garat, etc. ». Je n'entends pas trop comment cet argent reviendrait au pauvre par voie de loterie : il y là un sous-entendu qui passe ma portée : je trouve le terme *histrion*, un peu sévère pour Garat, quoiqu'il *boive l'or en retirant son haleine*.

« Musiciens, saltimbanques... le peuple paye toutes ces inutilités,.. et il ne pourrait placer quelques deniers pour se donner les rêves les plus agréables ». C'est-à-dire, que vous desirez la loterie pour faire rêver agréablement le peuple : *bravo* ; c'est un motif sans replique ; et depuis dix ans ne rève-t-il pas assez ? Ne voit-il pas *en dormant*, la tranquillité, le bonheur, la paix ? Vous finirez par le faire rêver tout éveillé, comme cela vous arrive depuis assez long-temps : ce qu'il y a de sûr, c'est, que jamais on n'a étayé d'une raison aussi comique un établissement sérieux.

« Par quelle bizarrerie, par quelle affectation de morale, faites-vous un vain étalage d'érudition, pour prouver la prétendue immoralité d'un établissement, qui, en dernière analyse, n'est qu'un objet de luxe, ainsi que les diamans, les spectacles, les danses et les bals ? ». Je suis, peut-être bizarre ; mais je ne me contredis pas, ce qui est le plus grand de tous les défauts dans un écrivain : que peut-il répondre lorsqu'on l'oppose à lui-même, lorsqu'on refute son opinion actuelle, par celle toute contraire qu'il a manifestée et imprimée il y a vingt ans ? il s'est gratuitement jeté dans un embarras dont il ne se tirera pas : c'est là votre histoire, C. M. ; il fallait, ou ne pas vouer les loteries à un mépris, à une exécration bien mérités, ou, ce qui eut été mieux encore, ne pas chanter la palinodie, pour accrocher un emploi dans l'administration de cet honteux établissement : examinons à présent, si comme vous le prétendez, la loterie est un objet de luxe, ainsi que les diamans, les spectacles, les bals: il faut d'abord rayer les diamans qui sont hors de la portée de cette classe qui se ruine à la loterie : les spectacles et les bals, n'auront jamais pour le peuple, pour la masse *non raisonnante*, l'attrait d'un jeu qui offre des chances de gain, dont il ne calcule pas les probabilités. Les diamans, les spectacles et les bals sont si peu comparables, comme objets de luxe, à la loterie que les élégans, les merveilleuses, qui font l'ornement des spectacles et des bals, ne renonceraient sûrement pas à s'y montrer, à y étaler leurs grâces et leurs bijoux, pour employer leur argent à des billets de loterie dont le buraliste seul aurait connaissance : aussi n'est-ce pas la même espèce d'hommes qui se laisse prendre à l'appât grossier d'un jeu, qui, dans sa chance la moins désavantageuse, et pour procurer un gain au-dessous du médiocre, offre la perte réelle d'un sixième pour l'imprudent joueur, qui très-rarement s'en tient à cette chance, et ajoute d'autant plus à l'inégalité de la lutte.

(*Page* 180.) « Que vous importe de quelle manière l'homme dépense, puisqu'il dépense, chaque jour, pour des sons, des gestes et des gambades ? » Oui, cela est fort égal, dès qu'il est écrit, que l'homme doit faire de son argent un usage aussi misérable ; mais il ne faut pas que le gouvernement, non content de tendre le piège, en retire un bénéfice énorme, ou il faut qu'il se voue à la honte et au mépris, lui et ceux qui l'approuvent. Je sais comme vous, tout ce qui a été dit en faveur des loteries ; que ces argumens sont faibles, en comparaison de ceux qu'on peut leur opposer ! On a dit que les français placeraient leur argent dans des loteries étrangères, et que ces sommes seraient perdues pour l'état : c'est déjà convenir, que les loteries ne *rendent* pas précisément autant qu'elles reçoivent : ensuite cet abus ne pourrait avoir lieu que sur les frontières, et par conséquent plus des trois quarts de la France en seraient hors d'atteinte ; ou il faudrait des agens intermédiaires, qui dans un état policé ne doivent pas être inconnus quinze jours. C'est ici un de ces cas rares, pour lequel je permets le moyen odieux de l'espionage, parce que le vice en est effacé par le bien résultant de la punition de ces pestes publiques, de ces fléaux de la société. Quant aux bureaux secrets qui travailleraient pour leur compte, ils devraient être encore plutôt découverts, que les agens intermédiaires des loteries étrangères : tous ces argumens tombent donc d'eux-mêmes : il ne reste que l'établissement dans toute sa bassesse, dans toute sa laideur.

(*Page* 185.) « L'enfance plus soignée, plus libre dans ses mouvemens, et qui n'est plus châtiée, indique un caractère de joie et d'indépendance qui charme l'observateur ». Malheureusement cette suppression des châtimens s'est étendue jusqu'à l'adolescence qui en a souvent besoin : aussi l'on peut affirmer, que la génération prochaine offrira beaucoup de petits scélérats, sans éducation, sans principes, sans morale, d'autant plus vicieux qu'ils auront plutôt connu le vice, et d'autant plus incorrigibles qu'ils n'auront jamais été corrigés. Je ne vois rien là qui soit fait pour charmer l'observateur.

(*Page* 187.) Chapitre 97, *du bourreau Samson*. Ce chapitre est, peut-être, le plus piquant de tout l'ouvrage : deux passages seulement m'ont paru mériter quelques observations.

(*Page* 188.) « Il eut coupé la tête à Condorcet comme à Marat ». Toujours cette manie de comparer deux personnages, que vous regardez comme très disparates : oui assurément Samson eut coupé la tête à Condorcet comme à Marat ; voudriez-vous que l'ayant coupée froidement à tant d'hommes innocens, vertueux, sa main eut tremblé pour Condorcet ?

« Il dort, dit-on, et il pourrait bien se faire, que sa conscience fut en plein repos ». L'homme qui a tranché les jours de Malesherbes, de Saron, de la Sœur de Louis XVI, et de tant d'autres, qui n'a pu ignorer par qui et comment ces victimes lui étaient envoyées, ne doit pas, ce me semble, goûter les douceurs d'un sommeil paisible, jouir du repos de sa conscience : il faudrait pour cela, qu'il ne fut pas un homme, mais un automate tirant par un ressort la corde qui fait tomber le fatal couperet. L'exécuteur ne peut, ni ne doit s'immiscer dans les jugemens, lorsqu'ils émanent des tribunaux ordinaires ; son devoir est d'obéir ; il est un instrument aveugle : ici quelle différence ! tous les citoyens sont divisés en deux classes; des victimes et des bourreaux: celui qui exécute ces jugemens arbitraires, et qui les exécute journellement pendant plusieurs mois, est *coupable*: si la crainte personnelle l'a empêché de se soustraire à ce métier infame, il rentre dans la classe de ceux que la peur plus forte que tout autre sentiment a contraint de se déshonorer pendant la révolution : comme le bourreau ne peut pas être déshonoré, il s'ensuit que Samson a fait moins mal qu'un autre.

(*Page* 191.) Chap. 98. *Nation*. Je le copie en entier : il est court et il en vaut la peine. « Ce n'était autrefois qu'un simple terme de géographie, ou de Phrasier qui voulait enfler son style. Vous ne trouvez point sous la plume des écrivains du siècle de Louis XIV, les mots : l'intérêt de la *nation* : le service de la *nation* : le trésor de la *nation* : parce, qu'en effet, il n'existait point de *nation* : la France n'était qu'un vaste parc de moutons, que celui qui s'en était rendu maître faisait tondre ou vendre, car *tel était son plaisir* ». Que de choses il y aurait à répondre à cette tirade ! J'admire toujours davantage la manie qu'ont les écrivains republicains d'offrir des rapprochemens, entre l'ancien régime et le régime actuel : *autrefois on disait, autrefois on faisait*........ Voyons d'abord ce qu'on disait autrefois, et ce qu'on dit aujourd'hui : sous Louis XIV, on ne disait pas *l'intérêt de la nation, le service de la nation, le trésor de la nation*, il est vrai qu'on disait, *l'intérêt du roi, le service du roi, le trésor royal :* pourquoi, parce qu'il n'existait pas de *nation :* mauvaise raison : la nation qui est cette masse de 25 millions d'individus a toujours existé ; est-ce qu'il n'y a pas de nation anglaise, de nation espagnole, quoiqu'il y ait un roi d'Angleterre, un roi d'Espagne ? Vous voyez bien, C. M., que vous allez trop loin : comme le roi était le chef de cette nation : l'usage avait prévalu de tout faire en son nom ; aujourd'hui qu'à la place du nom du roi, on lit par-tout celui de la nation, oserais-je vous demander, quel autre changement que celui-là, vous trouvez dans l'administration actuelle ? On sert la nation : cela signifie-t-il autre chose, sinon qu'on a sur le corps un uniforme, et qu'on va se faire casser les os, sans savoir pourquoi, et par des gens qu'on n'a jamais vus ? Que faisait-on sous Louis XIV ? ah ! on se battait pour lui, pour un homme, au lieu qu'aujourd'hui on se bat pour la nation dont on fait partie, c'est-à-dire, pour soi. Sans doute, cela est fort différent dans la forme, mais très-peu dans le fond : que m'importe d'avoir servi un roi ou la nation, si je suis tué ? Ce qui m'importe beaucoup, c'est, si je suis insensible à la gloire, et si j'ai la simplicité de lui préférer une existence paisible, de n'être pas forcé de courir ces dangers, et dans ce sens, le siècle de Louis XIV l'emporte étrangement sur le nôtre. On disait *trésor royal*, on dit *trésor national* : ce trésor est-il autre chose que ce qu'il était ; le produit des impôts payés par ces 25 millions d'hommes : dès que l'écu du contribuable est entré dans ce trésor, ses droits sur son écu ne sont-ils pas anéantis à-jamais ? peut-il le reprendre ; en disposer ? eh bien, qu'arrivait-il de plus sous Louis XIV ? Est-il bien démontré qu'aujourd'hui ce trésor soit employé plus utilement qu'autrefois ? Louis XIV ne rendait compte à personne de son emploi : a-t on jamais rendu compte à la nation de ce trésor *national*, compte auquel, il semble, qu'elle aurait quelques droits, si les changemens qui ont eu lieu, eussent regardé autre chose que les noms. « La France n'était qu'un vaste parc, etc. ». Les français étaient donc tous des moutons sous Louis XIV : le plus grand nombre est resté mouton ; les autres sont devenus des loups ; et n'eut-il pas mieux valu rester tous moutons ? « Celui qui s'en était rendu maître ». L'expression est impropre, elle ne peut convenir qu'à Hugues Capet, ou tout au plus à Henri IV : ses descendans ont occupé le trône par droit de naissance ; ils ne se sont pas plus rendus maîtres de la France, qu'un fils à la mort de son père, ne se rend maître de son bien : voulez-vous approfondir la chose, et scruter si l'expression *se rendre maître*, ne conviendrait pas autant au 18e. siècle, qu'à celui de Louis XIV ? La discussion serait piquante, et son résultat ne serait, peut-être, pas celui que vous avez voulu établir. « Louis XIV faisait tondre ou vendre les moutons de son parc ». Où avez-vous pris que Louis XIV vendait ses sujets ? tondre ; cela signifie apparemment qu'il les grevait d'impôts : au moins ne les écorchait-il pas : voulez-vous encore entamer une discussion sur ce point ? elle finirait, je crois, comme la précédente : ainsi contentez-vous d'avoir dans un chapitre de douze lignes, consacré une douzaine d'absurdités. Croyez-moi, évitez les rapprochemens entre les régimes *ancien* et *moderne* : vous nuisez à la cause que vous voulez défendre : ce défaut est celui du plus grand nombre des écrivains politiques, et c'en est un d'autant plus grave, qu'il est plus facilement et plus généralement apperçu.

(*Page* 219.) « Le jugement dernier des rois : pièce d'un genre original.... la pièce offrait des traits piquans et fut très-suivie.... » Comment un homme qui se pique de connaissances en littérature, de quelque goût, de quelque délicatesse, peut-il applaudir à une farce abominable, dégoûtante, que le *sans-culotte* le plus éhonté a dû seul trouver supportable ? Ah, C. M., il vous est permis d'exécrer les rois, de le répéter de dix en dix pages, mais non de dire qu'une farce digne des porcherons, (malgré son succès au théâtre de la Cité) est d'un genre original, et offre des traits piquans : les rois de l'Europe se disputant, se battant avec leurs sceptres et leurs couronnes, jusqu'à ce qu'un républicain vienne les museler pour les faire danser comme des ours : c'est-là ce que vous trouvez original et piquant ? je mets à part le nom de roi : je suppose, pour un moment, qu'on eut traduit sur la scène et traité ainsi des membres de la Convention nationale, (dont quelques-uns avaient bien mérité d'être muselés); je vous assure que j'aurais trouvé la pièce tout aussi indécente, tout aussi révoltante, et que je n'y aurais rien trouvé de piquant, ni d'original.

(*Page* 221.) « D'après un décret de l'Assemblée nationale, il fallait être citoyen *actif*, c'est-à-dire, posséder une propriété, pour avoir droit de voter dans les assemblées primaires; de sorte que Socrate, Corneille, J. J. Rousseau en auraient été exclus ». Vous blâmez ce décret qui est fort sage, aussi a-t-il été promptement rapporté : s'il eut été maintenu, les assemblées législatives n'auraient pas vu deux tiers de leurs membres sans propriétés, se jouant conséquemment de celle des autres. On n'est citoyen d'un pays que lorsqu'on y possède un immeuble : tout homme qui n'a rien, ou dont le bien est en portefeuille ne doit prendre aucun intérêt au sol qu'il habite, puisqu'il a la faculté de se transplanter où il veut lui et sa fortune. Si le gouvernement n'avait pas eu besoin, jusqu'à présent, de la classe qui ne possède rien, elle serait déjà reconnue inhabile à remplir aucune charge dans l'état ; je voudrais qu'on regardât comme propriétaires les gens mariés avec des enfans : le célibataire est l'homme du monde le plus inutile : égoïste par nature, tout lui est étranger ou indifférent. Le célibataire de 35 ans devrait être déclaré incapable de servir son pays, et payer jusqu'à son mariage, une capitation double ou même triple. « Les vrais citoyens *actifs* sont ceux qui ont pris la bastille, qui ont pris les thuileries, pour mettre fin à ces indignités du régime despotique ». Vraiment oui ; ce sont les citoyens actifs dont on avait besoin : eh ! si l'on jugeait de l'ouvrage par les ouvriers qu'on y a employés, qu'il serait loin de mériter ce tribut d'éloges et d'admiration que vous lui prodiguez ; et que vous sollicitez pour lui : il me semble que lorsqu'on a pris les thuileries, il y avait quelque temps que le régime despotique (au moins celui du roi) n'existait plus : que vous en semble ?

(*Page* 226.) « Rousseau étant en Suisse, écrivait à son ami Dupeyrou.... à Paris, on m'appellait le *citoyen* : rendez-moi ce titre qui m'est bien cher : faites même en sorte qu'il se propage, et que ceux qui m'aiment ne m'appellent jamais *monsieur*, mais en parlant de moi, le *citoyen* et en m'écrivant *mon cher citoyen* ». Cette lettre est, sans doute, très-marquante puisque vous la citez : que signifie-t-elle ? que Rousseau cherchait à se distinguer par ce nom de citoyen, qui ne se donnait à personne : si tout le monde l'eut porté, il n'en aurait plus voulu, et aurait redemandé celui de *monsieur*. Une pareille lettre démontre la vanité de son auteur, et rien de plus.

QUATRIÈME LETTRE.

(*Page* 2-29.) Long chapitre sur le plan de Paris, en relief, exécuté par le citoyen Arnaud : il mérite l'éloge que vous en faites : vous le terminez par cette phrase. « L'artiste a fait au physique sur Paris, ce que j'ai tenté de faire au moral dans mon tableau ». La tentative n'a pas été aussi heureuse : le citoyen Arnaud a peint les choses comme elles existent, et vous comme vous les avez vues, ce qui est différent : il n'a pu se tromper, au lieu que vous....

(*Page* 31.) « Les Boutiquiers n'ont pas honte d'associer Condorcet et Marat ». Puisque vous ne vous lassez pas de répéter ce rapprochement que vous croyez extrêmement saillant, je vous répéterai que Condorcet et bien d'autres gens fort estimables à votre avis, ont mérité de perdre une tête, et que Marat a mérité d'en perdre deux.

(*Page* 33.) « Les mesures arbitraires sont, à ce qu'ils disent, celles qui ordonnent les patentes et font payer les impôts ». Ils ont raison ; des mesures qui forcent à payer des impôts onéreux sont arbitraires, et parce que celles qui incarceraient, déportaient et massacraient étaient plus cruelles, les autres n'en sont pas plus justes pour cela.

(*Page* 33.) « Le Calendrier qui a témérairement changé les noms des mois de l'année ». Otez *témérairement*, qui ne signifie rien : substituez-y *ridiculement*, et vous serez en règle. N'est-il pas plaisant de lire des rélations écrites en nivôse, pluviôse, au Caire où il pleut rarement, et où il ne neige jamais ? En France même si l'on s'en rapporte à l'étymologie de chaque mois, tel a fini vers le midi, qui n'a pas commencé vers le nord ; cela est complétement ridicule pour un pays aussi étendu, et qui posséde des colonies éloignées totalement différentes par le climat ». Tels sont les discours des boutiquiers, et je range dans cette classe les notaires ». J'ai peine à concevoir quel rapport peut exister entre les notaires et les boutiquiers ; la suite ne m'éclaire pas davantage «. Le plumitif est ce qui rétrécit le plus les idées, et les notaires ont les idées les plus étroites que l'on puisse avoir dans un renouvellement de choses ». Cela prouve que vous avez rencontré sur votre chemin des notaires, qui n'avaient pas le sens commun, et la chose est possible ; toutes les classes ont offert plus ou moins de déraisonneurs, et si nous cherchions bien, peut-être en trouverions-nous dans celles qui paraissent devoir en être plutôt exemptes : ne m'interrogez pas, C. M., vous me feriez proférer un blasphême épouvantable.

(*Page* 35.) « Boissy-d'Anglas, surnommé *Boissy-Famine*, » Très joli, et vous *M. Loterie* : l'un vaut l'autre. « il fut maître-d'hôtel du frère du roi, pensionnaire de la cour » : il n'y avait alors aucun crime à l'être, et si la cour vous eut offert une pension vous l'auriez prise. « il me semblait quand il parlait tenir toujours la serviette sous le bras ». Croyez-vous qu'il y ait beaucoup d'esprit dans cette saillie ? « Ainsi que je voyais à Pastoret, sa robe parlementaire ». Ce qui était d'autant plus adroit, qu'il n'a jamais été dans le Parlement : vous lui voyiez une robe, n'importe laquelle : si ces deux hommes avaient été de votre bord, vous n'auriez rien vu de tout cela ? convenez-en.

(*Page* 37.) « L'exécrable Aubry, le plus lâche, le plus mince des hommes... destitua Bonaparte ». J'admire cette phrase qui forme un *crescendo* en sens contraire : *exécrable*, *lâche*, *mince* : encore une épithète, c'était un compliment: C.

C. M.; une autrefois il faudra garder les termes les plus forts pour les derniers; entendez-vous?

(*Page* 40.) « Les chiens de sa majesté coûtaient huit sols six deniers par jour, et les soldats six sols; donc les chiens étaient mieux traités que les soldats, qui versaient leur sang pour défendre ce qu'elle appellait ses droits: il n'y a pas un militaire qui n'eut pu dire qu'il voudrait bien *être traité comme un chien* ». Ce 125ᵉ. chapitre me paraît mériter d'autant plus une réponse, que vous semblez y attacher une sorte d'importance, et croire fermement avoir fait une découverte précieuse: discutons donc cette sanglante épigramme. Vous ne témoignez aucune surprise de ce que dans toutes les armées les chevaux coûtent plus à nourrir que ceux qui les montent: ainsi la prééminence de l'homme sur les animaux n'existe plus; elle est subordonnée à la capacité respective des estomacs. Les chiens du roi coûtaient huit sols et demi par jour; qu'est-ce que cela fait? examinons seulement si autrefois le soldat, avec six sols, vivait et ne souffrait pas. Vous avez peu vu les soldats : ce n'est pas sur le Pont-neuf, ou aux Thuileries qu'on apprenait à les connaître sous l'ancien régime : je les ai connus moi; j'ai vu qu'avec six sols ils vivaient, parce que ceux qui gagnaient 20, 30, 40 sols, par leur travail, payaient ceux qui ne travaillaient pas, pour faire leur service; et par cet échange, tous étaient à couvert du besoin : je les ai vus bien vêtus, propres, disciplinés, respectant les maisons auxquelles, pendant leurs routes, les billets de logement les adressaient : donc le soldat, avec sa paye ou son étape, ne pâtissait pas : que vois-je aujourd'hui? le soldat mieux payé qu'anciennement, déguenillé, manquant de tout, s'oubliant jusqu'à voler son hôte, ne recevant rien pour sa nourriture, réduit quelquefois à tendre la main, à mendier des secours, pour ne pas périr de faim ; n'est-ce-pas-là celui qui gagnerait *à être traité comme un chien ?* Vous me direz cette phrase banale : *nous sommes en guerre, à la paix tout ira bien* : je vous répondrai que si la guerre est la cause de cette désorganisation générale, l'effet ne doit pas s'étendre jusqu'aux troupes qui voyagent dans l'intérieur de la république : autrefois, (puisqu'enfin vous avez la rage des comparaisons) les régimens qui pendant la guerre étaient demeurés en France, y jouissaient de toutes les douceurs de la paix : les étapiers remplissaient également leur devoir ; le soldat ne mendiait, n'insultait, ni ne volait : vous attribuerez ce qui se passe aujourd'hui à une cause quelconque ; le fait est que les soldats de Louis XVI n'avaient aucun motif de désirer d'être traités comme des chiens : si ce désir est permis, c'est aux soldats républicains, au moins à une partie de ceux que j'ai vus, et j'en ai vu beaucoup : les habitans de Paris ignorent les vexations journalières dont ceux des départemens sont victimes, par le passage continuel des troupes, qui ne logent que dans le quart des maisons de chaque ville ou bourg. Faites une tournée dans les contrées méridionales, et revenu dans vos foyers, tracez-en le tableau fidèle ; il sera curieux, je vous en réponds : sur-tout ne portez guères d'argent sur vous, dans les chemins, même dans les villes les plus populeuses, dès l'entrée de la nuit ; mais où me mène donc cet article des chiens du roi ? allons, continuons notre besogne.

(*Page* 46.) « On a toujours pensé que M. Necker avait voulu monarchiser la république ». Je n'ai jamais entendu faire ce reproche à M. Necker ; bien plus, il m'a paru mériter le reproche contraire : la double représentation du tiers-état, et sa conduite dans les commencemens de la révolution, semblèrent plutôt avoir pour but de républicaniser la monarchie.

(*Page* 47.) « Paris, dont la superficie contient, entre ses remparts seulement, 3,073,090 toises carrées ». Ne dirait-on pas que vous les avez arpentées vous-même, pour parvenir à une exactitude aussi minutieuse ? eh bien ce calcul, auquel il ne manque que quelques pieds et quelques pouces pour être tout-à-fait ridicule, est entièrement inexact. Si par le mot de *remparts*, vous entendez les boulevards, Paris ne renferme pas 700 mille ames, comme vous le dites plus bas : cette population, portée aussi loin que possible, doit comprendre la totalité des fauxbourgs ; les remparts sont donc les murailles ; alors Paris, long et large de plus de deux lieues, c'est-à-dire, de 5000 toises, contient une superficie cinq ou six fois plus considérable que vous ne l'affirmez. Elle le serait, même en ne comprenant que l'espace renfermé entre les boulevards; et la population désignée, prouve que ce n'a pas été là votre intention : aussi votre erreur est-elle plus qu'incroyable dans l'auteur du Tableau de Paris, qui l'a habité toute sa vie.

(*Page* 65.) « Soit dit à l'honneur des dames de la cour, personne ne méprisait moins le tiers : on dit qu'elles avaient mis en fait la réunion des ordres, bien avant que Sieyes l'eut mise en thèse ». Vous êtes badin; il n'y a pas de mal à cela : prétendez-vous cependant, par vos petites épigrammes, prouver que les bourgeois, les négocians, les artistes, les gens du peuple, n'étaient pas soumis au même régime que les gens de cour? pensez-vous que la coquetterie, ou pis encore, régnât exclusivement chez les dames de haut parage? non, non, chacun a sa part du gâteau; par-tout il y a des femmes sages, par-tout il y en a qui ne le sont pas.

(*Page* 66.) « On se figure de loin Paris peuplé de républicains sensibles à la gloire nationale, orgueilleux de posséder le gouvernement qui conquiert des provinces immenses, change le système de l'Europe, fonde des républiques... point du tout ». Les parisiens ne me paraissent mériter aucun blâme. Leur conduite est raisonnable, sur-tout conséquente. On ne doit pas attendre d'une masse d'individus, peu accoutumée à penser, à réfléchir, cet enthousiasme qui anime un écrivain dans son cabinet : le parisien, (et dans ceci, l'habitant des départemens est comme lui) ne voit ni la conquête d'immenses provinces, ni le système de l'Europe changé, ni la fondation de cinq ou six républiques : ces évènemens lui sont fort indifférens ; ce qui le touche, c'est qu'il paye toujours plus d'impôts, c'est que son commerce ne va pas mieux, c'est que la pénurie de l'argent est la même, et conséquemment que son intérêt en souffre ; c'est que l'on ne cesse pas d'enlever ses enfans pour recruter les armées : et vous voulez, C. M., que les hommes soient moins affectés de ces désastres, que de conquêtes dont ils ne voient d'autre effet que la continuation de toutes leurs calamités ? cela ne peut pas être : l'orgueil national marchera toujours après l'intérêt particulier : dix fois autant de volumes que vous en avez publiés depuis que vous écrivez, seraient insuffisans pour convertir le peuple à cet égard. « On croit à l'enthousiasme de Paris, quand il faut célébrer le 9 Thermidor ». Je vous l'ai dit : il n'y a plus d'enthousiasme que dans les dîners patriotiques, où le verre à la main, on s'électrise quelques minutes, on pousse des cris qui, bien qu'entendus à deux cent toises, ne passent pas les lèvres. « On s'imagine qu'il s'entretient avec joie ou avec orgueil, des journées d'Arcole et de Lodi ». Cela serait si ces journées lui avaient apporté quelque changement en bien : le 18 Brumaire a plus fait pour les Français que le gain de dix batailles. « On croirait que le 31 Mai serait pour lui un jour de deuil; point du tout ». Le 31 Mai et ses suites sont oubliés, parce que le peuple oublie tout ce qu'il ne voit plus, et c'est une raison pour lui rappeller sans cesse le règne de Robespierre, quoiqu'on dise qu'il ne faut plus en parler. « En général, le boutiquier, l'homme de loi, toute la tourbe qui tient la plume juridictionnelle, n'attache ni sa gloire, ni son amour, ni souvenir à aucune époque ». Un peuple excessivement malheureux, depuis dix ans, préfère à la gloire, le bonheur, la tranquillité : tant qu'on ne lui offrira, en dédommagement de ses longues infortunes, qu'une gloire éphémère, une vaine fumée, soyez assuré que vous le trouverez toujours plongé dans une apathique insensibilité.

(*Page 67.*) « Le vrai républicain dit : l'opinion de Paris est nulle en politique ; il ne faut pas la compter, et encore moins s'embarrasser de tout ce qui s'y dit ». Rien de plus commode ; en élaguant ainsi tous ceux qui ne pensent pas comme vous, il est impossible que vous n'ayiez pas raison ; mais alors que devient le vœu du peuple ? une faible minorité l'emporte sur la presque totalité de la France (dont la plus grande partie pense comme Paris) : quelle atteinte vous portez aux droits de l'homme, à la constitution, à vos principes ! le parisien peut vous dire, puisqu'il est question de Paris : *Eh quoi ! mon opinion en politique est nulle, parce qu'elle contrarie la vôtre ? pourquoi donc ne serait-ce pas la vôtre qui serait nulle, puisque vous avouez que mes compatriotes sont de mon avis ?* Vous ajoutez : « Douze cent républicains, braves, généreux, amans de la patrie, figurent pour cette ville immense ». Ainsi douze cent individus font la loi à sept cent mille : qu'ils la fassent à coups de canons, cela est tout simple, parce que vous les unissez *au gouvernement et à la bonne force armée* : ils ont alors des canons, et les parisiens n'en ont pas ; mais que vous souteniez cette conduite juste, loyale, *constitutionnelle*; c'est ce que je ne vous accorderai pas.

(*Page* 68.) « Les lâches (parisiens)! on se bat pour eux, et à peine daignent-ils honorer nos soldats vainqueurs ». On se bat pour eux ; ne se battent-ils pas eux-mêmes, puisqu'ils fournissent leur contingent aux réquisitions d'hommes : ne payent-ils pas pour l'entretien des armées, qui n'en sont pas mieux pour cela ? ce n'est pas leur faute ; et finalement on se bat pour eux, dites-vous; ont-ils prié nos soldats de s'aller battre ? est-ce le peuple de Paris qui a desiré la guerre, qui la continue, qui en profite, qui... oh! ma foi, vous nous prendriez pour de grands imbécilles, de vouloir nous le persuader.

(*Page 71.*) « Les portes du palais de l'autorité sont ouvertes à tous les amateurs ». Oui, pour s'y promener un quart-d'heure. « Ce pouvoir qui te fatigue, tu l'exerceras demain ». Combien de millions d'hommes ne verront jamais ce demain? « Cette broderie qui t'offusque, tu la porteras l'année prochaine, ou du moins celui à qui tu l'envies, déshabillé, ou vêtu comme toi, viendra s'asseoir près de toi sur les bancs du parterre, et te consoler de sa gloire du jour d'hier ». Ceux qui ont porté la broderie, ont pu la quitter; sont-ils pour cela descendus au parterre? non, parbleu; ils sont restés aux premières loges, d'où ils crachent sur ceux qui devaient les remplacer. « Notre gouvernement est celui qui accorde le plus à l'amour-propre ». Oui, à celui des sots;

suffit-il d'être appellé à toutes les places pour en obtenir une ? s'il y a des hommes qui se contentent de cet espoir, je les félicite bien sincèrement : ces argumens sont ceux dont on a bercé le peuple de Paris en 1789 : il s'est laissé prendre à cette amorce, parce qu'il ne peut y en avoir de trop grossière pour lui : après dix ans vous répétez ces absurdités : pourquoi ? leur but est rempli : à part quelques exemples de fortunes, d'élévations méritées, je ne vois que les fripons qui ayent prospéré ; or, c'est un espoir flatteur que vous offrez au peuple, quand vous lui dites : « Toutes les places sont faites pour vous ; celui qui vous éclabousse aujourd'hui, demain, à pied, se rangera devant vos chevaux ». Vous oubliez d'ajouter : *sur-tout n'intriguez pas, soyez honnête, loyal, vertueux, vous êtes sûr de votre fait* : c'est en vérité trop risible.

(*Page* 84.) « Il est donc renversé

le chef de la hiérarchie spirituelle ». Il s'est relevé, puisque le successeur est nommé et installé. « Le pied adoré du Dieu octogénaire de Rome, touche la terre qui doit le couvrir ». La conduite des français envers Pie VI, n'est pas assez honorable pour que vous deviez la rappeller. « La foudre est demeurée impuissante dans ses mains à l'aspect des vainqueurs de l'Italie ». Vraiment, il est fort extraordinaire que le pape ait succombé sous nos bayonnettes : c'est un triomphe dont nos armées doivent tirer vanité.

(*Idem.*) « La superstition, la crédulité, et toutes les jongleries sacerdotales, font place à la religion naturelle ». Nous n'y sommes pas encore: cela pourra venir un jour. Au reste, il est clair, C. M., que vous êtes théophilantrope : je vous en fais mon compliment ; le grand-prêtre La Reveillère, vous fera un de ses acolytes.

(*Page* 100.) « Louis XVI en naissant, fut l'objet de la haine de son grand-père, qui détestait toute sa race, parce que son fils avait voulu le faire assassiner pour régner ». C'est ce qui s'appelle vomir gratuitement des calomnies abominables : d'où tenez-vous ce que vous affirmez aussi hardiment ? parce que cette famille a succombé sous le poids de ses malheurs, vous croyez pouvoir la couvrir d'opprobre, en lui attribuant des crimes controuvés ? l'extrême infortune est toujours respectable pour l'homme humain, vertueux. « Louis XV à son tour avait empoisonné son fils, pour se venger ». Autre calomnie, aussi grossière, aussi impudente. « Et il avait éteint dans ses petits-fils, par une méthode barbare, les sources de la génération ». De mieux en mieux : voilà les enfans de Louis XVI et de M. d'Artois, décidément bâtards, et sans appel. C'est un philosophe, un ami des hommes, un moraliste, qui souille sa plume de pareilles horreurs ! pour certifier des faits de ce genre, il faut en avoir été témoin, et vous mentez (comme Barrère et Boissy-d'Anglas), ou vous avez tenu les flambeaux ; choisissez.

(*Page* 102.) « Il a été donné à peu de mortels d'avoir vu ce que j'ai vu, et sous le jour sur-tout que je l'ai vu ». Je suis fort de votre avis ; il y a des choses que personne, à coup-sûr, n'a vues comme vous : si vous êtes content de cet aveu, je le suis aussi. « Le règne de la terreur m'a enlevé et fait disparaître beaucoup de papiers, où j'avais consigné mes réflexions ». Ce qui est resté, donne une grande idée de ce qui a été perdu.

(*Page* 103.) « Le roi regarda le serment comme une vaine formule, qui ne pouvait le lier en aucune manière ». Il eut tort ; et vous, combien en avez-vous fait de sermens depuis 1789 ? combien de constitutions avez-vous juré de maintenir ? combien en jurerez-vous encore ? vous n'en savez rien, ni moi non plus.

(*Page* 129.) *Emprunt-forcé !* « Comment a-t-on fait l'association de ces deux mots qui se repoussent » ? Je m'étonnais que vous n'eussiez pas fait cette réflexion dans un de vos précédens volumes, en parlant du premier emprunt-forcé ? « Après en avoir fait l'observation, on s'y accoutuma ». Comme un chien s'accoutume aux coups de bâton : on paya, parce qu'on fut forcé de payer.

(*Page* 137.) « Après la chûte des échafauds, la réaction royale a fait périr plus de républicains que ceux-ci n'en avaient immolés ». Je vous en demande pardon ; vous vous trompez furieusement ; vos calculs sont erronés : la réaction royale (pour me servir de vos expressions), n'a pas fait périr la vingtième partie de ceux qu'à massacrés Robespierre. « Les patriotes les plus exempts de toutes faiblesses et de tous crimes, furent incarcérés par milliers ». Ils ne le furent pas au nombre de 600 mille, comme les suspects de 1793. « Le parisien ... est loin de croire à cette terre du midi, imbibée d'un déluge de sang ». Il fait bien s'il croit que Barras et Fréron en ont répandu vingt fois autant que toutes les réactions : sans doute il y a eu des massacres depuis le 9 Thermidor, et beaucoup trop : je suis loin de les excuser : mon principe est que tout assassin, de quelque parti qu'il soit, est un scélérat ; mais je réponds à votre assertion, qui est fausse dans tous ses points. « Le parisien n'a pas mis le pied dans ces régions malheureuses (le midi), couvertes de ruines, d'ossemens et de cendres ». Ces ruines sont toutes, ou à-peu-près, l'ouvrage des deux membres de la Convention, que je viens de citer : il n'y a point là de réaction. « Il n'a point vu la terre de la Vendée, boursoufflée de cadavres : ces vastes cimetières, ces épouvantables catacombes, sont l'ouvrage de cette *armée royale et catholique*, dont il révoque en doute l'existence ». Sans avoir vu la Vendée, il sait que cette guerre affreuse a coûté peut-être un million de français ; il sait aussi que le gouvernement, dès 1793, aurait pu la finir, et *ne l'a pas voulu* : alors il pardonne à l'armée royale, qu'on pouvait désarmer ; sa haine et son indignation se réunissent sur ceux qui ont éternisé volontairement les massacres et la dévastation.

(*Page* 141.) « Il est remarquable que les denrées ont augmenté progressivement avec la bouffissure de l'assignat ». Si une chose très-simple, très-naturelle, peut être remarquable, celle-là l'est.

(*Page* 142.) « On ne s'attendait pas à une chûte totale de l'assignat, et dans un clin-d'œil ». Allons, allons, on a eu le temps d'y songer ; quand un louis arrive (de votre aveu), à

18000 liv., ce n'a pas été l'affaire d'un jour; et à moins que l'assignat ne fut éternel, je ne vois pas jusqu'où il aurait dû descendre avant de périr.

(*Page* 148.) « Les privations des choses de la plus absolue nécessité, furent endurées patiemment par ce grand peuple ». Venez nous dire après cela, qu'il se souleva en 1789, parce qu'il ne pouvait plus tenir aux déprédations du gouvernement, et à la corruption de la cour ; vous aurez bonne grace. « Le peuple ne se souleva point ». Parce qu'on ne lui dit pas de se soulever. « Il respecta tous les dépôts où le comité de salut public avait emmagasiné toutes les denrées de première nécessité, jusqu'au drap ». Il serait mort de faim à côté d'un magasin de biscuit : vous savez bien que le peuple souffre tout : pourquoi donc jouez-vous l'étonnement pour un évènement très-simple, dont la révolution offre des exemples multipliés ?

(*Page* 149.) « Il est difficile d'expliquer aujourd'hui ce qui a contenu la vengeance du peuple, et jusqu'à ses murmures ». Toujours une surprise de commande ! quelle enfance : C. M., un peu de bonne foi, sans tirer à conséquence : quelle difficulté trouvez-vous à expliquer la patience du peuple ? faut-il vous redire, pour la centième fois, que tant qu'on ne le porte pas à l'insurrection, il souffre sans se plaindre ; et que si on l'y porte, il s'insurge, quoique ne manquant de rien.

(*Page* 155.) « Exista-t-il un homme plus habile à supposer le crime, à controuver des faits, que Fouquier-Tinville » ? Jamais talent ne fut plus inutile : les accusés étant jugés d'avance, à quoi servait-il de rechercher des faits, de trouver des crimes ? « Chacune de ses paroles était un piège que l'accusé ne pouvait prévoir, ni éviter : elles enchaînaient sa langue et sa pensée ». Ce piège si redoutable consistait ordinairement à demander le nom de la victime ; à la mettre hors des débats si elle voulait parler : assurément le genre de mérite que vous lui accordez était purement gratuit : le dernier cuistre de la halle eut rempli la place de Fouquier-Tinville.

(*Page* 155.) « La justice, lente à punir, a saisi enfin cet accusateur inique ». Je suis encore à concevoir comment ce monstre a conservé son emploi d'accusateur-public, quelques jours après le 9 Thermidor.

(*Page* 163.) « Aujourd'hui que la république est fondée sur les bases de l'égalité, c'est encore à la faveur des dîners splendides que l'intrigue arrive aux postes les plus éminens ». Plaisante égalité, qui disparaît devant l'intrigue et les bons dîners ! une république fondée sur de pareilles bases, devrait être assise bien peu solidement.

(*Page* 184.) « Louis XVI, trahi par la noblesse, par ses deux frères, par la Fayette, sachant que le but était de faire déclarer ses enfans bâtards, après lui avoir ôté la couronne... » Que de choses vous savez seul, ou à-peu-près? et cette déclaration de bâtardise, qui devait la faire? la reine que devenait-elle? lequel des princes remplaçait le roi? votre confidence est encore bien imparfaite : on ne vous a instruit qu'à moitié ; et alors il vaut mieux ne rien dire : vous prétendez que Louis XVI a été trahi par tout le monde, même par ceux à qui il devait se confier le plus aveuglément : dans cette hypothèse, il mérite d'être plaint, d'être excusé : un souverain aussi cruellement trompé, pouvait-il ne pas succomber? entouré de gens acharnés à sa perte, quelle résistance avait-il à leur opposer? ses torts deviennent moins graves, par l'aveu qui vient de vous échapper. « Il est bien étonnant qu'il eut accédé à un projet de fuite, injustifiable sous tous les rapports ». Au contraire ; environné de traîtres, il ne pouvait agir autrement. « On répond qu'il était encore dans l'ignorance de toutes ces trames ». S'il ignorait celles-là, il en connaissait d'autres, trop peu cachées pour demeurer secrettes. « Mais lorsqu'il fut éclairé, comment ne devint-il pas sincèrement et pleinement constitutionnel » ? Je ne sais quel a été le motif de la conduite du roi : je sais seulement qu'à sa place, j'aurais agi comme lui, et voici pourquoi :

La constitution de 1791, à laquelle il devait, selon vous, s'attacher de cœur et d'ame, était tellement ridicule, tellement inexécutable, qu'aucun être pensant n'a pu l'adopter de bonne foi : une constitution *basée* sur les droits de l'homme, ne saurait admettre un roi héréditaire : le système de l'égalité y répugne tellement, que les gens qui réfléchissaient encore en 1789, dès qu'ils virent la déclaration des droits, préjugèrent d'abord que le trône était renversé :

versé : en effet, le coup fut porté à cette époque, et jamais il n'a pu se relever : je ne prétends cependant pas dire qu'un autre roi que Louis XVI ne fut pas venu à bout de s'y replacer. *Roi constitutionnel* (avec la constitution de 1791), sont deux mots aussi peu faits pour aller ensemble, que ceux d'*emprunt-forcé*, ou de *démocratie-royale*. Louis XVI devait-il donc s'abandonner sans réserve aux faiseurs d'une constitution qui péchait par sa base, qui le repoussait en paraissant l'adopter? il avait juré de la maintenir, dira-t-on; cela est vrai : forcé de prêter ce serment, il l'a regardé comme extorqué par la violence, et ne l'a pas cru obligatoire : il a fait ce que tous les français ont fait cinq ou six fois depuis la révolution : s'il est coupable, que de gens le sont ! mais il est puni, et tant d'autres ne le sont pas !

(*Page* 189.) « On a cru chez l'étranger, qu'après l'épouvantable lutte dont nous avons été les déplorables instrumens, qu'après tant de sang versé, nous étions plongés dans la misère, dans une agitation anarchique ». Pour la misère, elle est encore générale, quoique vous en disiez, et bien qu'au palais-royal on ne s'en doute pas : parcourez les départemens, regardez, écoutez : vous saurez à quoi vous en tenir. L'agitation anarchique n'est plus universelle ; quelques départemens en sont encore infestés, grace aux administrateurs dont on les a gratifiés : ainsi les étrangers ne sont pas aussi mal instruits que vous avez l'air de le croire ; et le nombre de nos théâtres, que vous citez à l'appui de votre dire, et dont les trois quarts font banqueroute, ne détruit pas ce que j'ai avancé.

(*Page* 205.) « Dans les collèges, la jeunesse puisait des leçons de vanité, d'orgueil, de mépris et d'égoïsme ». J'apprends à tout moment, avec vous, quelque chose de neuf : les collèges étaient renommés, ce me semble, pour l'égalité qui y régnait : là, celui qui affichait la morgue, le mépris pour ses camarades, était puni sur le champ, par ceux qu'il insultait ; l'orgueil et la vanité déplacés par-tout, l'étaient davantage au milieu d'une tourbe d'écoliers, dont chacun s'estimait autant que son camarade ; c'est en cela que l'éducation publique paraissait à bien des gens préférable à l'éducation particulière, qui non-seulement ne pouvait exciter l'émulation, mais encore entretenait dans un jeune-homme, des germes de hauteur que le collège eut promptement étouffés. « Dans les couvents, celles de la débauche raffinée ». Ce reproche est gratuit : s'il y a des couvents qui l'ayent mérité, les généraliser, c'est afficher une partialité ridicule, et renoncer à inspirer quelque confiance. « Dans les catéchismes, celles de la duplicité jésuitique, de la perfidie, de la fourberie et de l'intolérance ». Encore l'esprit de parti : de tous ces vices que vous prêtez à ce genre d'instruction, le dernier est le seul qui offre une ombre de réalité : on peut reprocher l'intolérance à quelques ministres de notre religion, dont en cela ils ne suivent pas les maximes : malheureusement cette erreur germe dans les têtes faibles, et devient pour elles une obligation stricte : de faux moralistes ont gâté la morale sublime de Jesus-Christ, comme journellement tant de dévots dégoûtent de la dévotion. Je persiste à croire, malgré votre autorité, que le catéchisme ne rend ni fourbe, ni perfide. « Dans les écoles de charité, celles de l'ingratitude, de la paresse, du mensonge et de la brutalité ». Ici il y a bien quelque chose de vrai; vous en tirez la conséquence suivante : « Voilà pourquoi les nobles... ont été presque tous dénoncés par leurs laquais et par leurs portiers ». Je n'adopte pas cette conséquence : beaucoup de ces dénonciateurs n'avaient jamais été aux écoles de charité : c'était dans leur état qu'ils avaient puisé ces principes, qui depuis ont dirigé leur conduite : les uns ont voulu se venger de quelques mauvais traitemens, peut-être mérités; les autres voler impunément leurs maîtres; ceux-ci faire preuve de patriotisme; ceux-là ont dénoncé pour le seul plaisir de nuire ; car à la honte éternelle de notre révolution, des milliers de monstres, à face humaine, ont massacré des hommes qu'ils ne connaissaient pas, sans le moindre profit pour eux, précisément comme le tigre qui, rassasié de sang, égorge encore tout ce qui s'offre à lui. C. M., vous cherchez bien loin ce qui est près de vous : sans les écoles de charité, tout ce qui est arrivé aurait eu lieu également : le tort est aux hommes, et non aux écoles.

(*Page* 206.) « On ne trouva ni assommeurs, ni révolutionnaires, parmi les bons charbonniers, les bouchers, les forts de la halle, etc. » Vous en donnez les raisons qu'il est inutile de transcrire, parce que le fait n'est pas exact : par-tout des bouchers, nommément, se sont distingués révolutionnairement ; et *le Gendre*, votre confrère à la Convention, n'était-il pas boucher ? est-il bien reconnu que les bouchers ayent le caractère si *pacifique*, comme vous le dites formellement ? je suis quelquefois tenté de croire que vous voulez vous égayer aux dépens de vos lecteurs. « Ainsi (selon vous) les bouchers, les charbonniers, les forts de la halle, les commissionnaires, les savoyards, ont le caractère plus pacifique que les cordonniers, les tailleurs, les menuisiers, les manœuvres, les serruriers, les perruquiers, et *même* les Chirurgiens ». Il est bon d'observer que tout cela est encore un effet produit par les écoles de charité : quel radotage !

(*Page* 208.) « Si les travers de l'esprit humain continuent d'aller en augmentant, il faudra compter au moins mille Callots pour les exposer à la censure des bons esprits ». Cette tirade est principalement applicable aux modes, qui, depuis quelque temps surtout, varient avec une rapidité, dont nos pères ne se seraient jamais formé l'idée : cependant le cercle dans lequel nous roulons, est si resserré, qu'il faut absolument revenir aux modes antiques, par l'impossibilité de trouver toujours du neuf : mais comme ces modes n'ont existé que chez nos ancêtres, elles ont réellement le charme, les agrémens de la nouveauté. Pourquoi nous étonnons-nous quelquefois du rétablissement de certaines choses que nous regardions comme anéanties par la révolution, dont peut-être elles ont hâté l'explosion ? si le cercle de nos idées est étroit, relativement aux modes, il l'est bien davantage relativement à des objets plus sérieux : il n'y a pas quatre manières de bien gouverner les hommes, et il n'y en a pas deux de gouverner un grand peuple : avant dix ans, nous reverrons forcément *tout* ce que nous avons vu, au moins *tous* les impôts de l'ancien régime, des compagnies financières, comme les fermiers-généraux, les receveurs généraux des finances, des académies, des intendans, des évêques, etc. etc. : je ne dis pas que les noms soient conservés ; il est même apparent qu'ils ne le seront pas ; mais je suis intimement convaincu qu'il ne restera de la révolution, que le souvenir de ses malheurs à la génération présente, et le *nom* de république à celle qui nous succédera : on a déjà reconnu, j'espère, que le nom ne faisait rien à la chose.

CINQUIÈME LETTRE.

(*Page* 1.) « Les oranges ont fait des Isles d'Hyères, un nouveau jardin des hespérides ». Tenez-vous-en à Paris, C. M., ou consultez avant d'écrire sur les départemens : les Isles d'Hyères, loin d'être un jardin des hespérides, sont à-peu-près incultes : c'est aux environs de la ville d'Hyères, *sur le continent*, que se trouvent ces forêts d'orangers qui méritent les éloges que vous leur donnez.

(*Page* 5.) « En dépit du nouveau calendrier, les parisiens invariablement mûs par l'intérêt, la friandise et le mensonge persistent à célébrer le jour de l'an fixé au 1er. Janvier, par l'affreux Charles IX ». On ne se douterait pas que la sainte colère du C. M., vient de ce qu'on donne des bonbons au 1er. Janvier comme autrefois : ainsi les pa-

K 5

risiens cesseraient d'être intéressés, gourmands et menteurs, s'ils les donnaient le 22 Septembre : quelles pauvretés !

(*Page* 9.) Je ne connais pas M. Gaston Rosnay, directeur du Gymnase de bienfaisance : je sais seulement que s'il mérite la moitié des douceurs que vous lui dites, c'est un homme accompli.

(*Page* 13.) « J'ai vu ces êtres impudens (les bouquetières) venir chez le vertueux Roland.... » On est vertueux à bon marché, avec vous, ce me semble ; qu'a donc fait cet homme pour mériter une épithète aussi flatteuse ?

(*Page* 22.) « Les plaintes du rentier ne finissent pas ». Vous y revenez, C. M. ; allons et moi aussi : le rentier *a raison* de se plaindre ; c'est une consolation que le brigand du grand chemin n'a jamais prétendu enlever à ceux qu'il a dépouillés : « Le gouvernement (dit-il) est redevable aux rentiers d'un arriéré énorme ». Il a encore raison.

LETTRE.

(*Page* 40.) *Prêtres réfractaires.* « Cette épithète renferme un double sens ; elle annonce une résistance et une révolte : elle signifie un disciple indocile et un citoyen rebelle ». C'est-à-dire, qu'elle signifie ce que l'on veut : *réfractaire*, veut dire précisément *rebelle*, et nullement *indocile*, sur-tout accolé avec le mot *disciple* ridiculement amené. Les prêtres qui avaient refusé de prêter un serment que leur conscience reprouvait, peut-être à tort, étaient-ils donc des rebelles ? Non, en vérité, puisqu'on leur avait donné l'option de prêter ce serment, ou de renoncer à la modique pension que la générosité nationale leur promettait : s'ils optaient pour le refus du serment, ils perdaient leur traitement, et tout devait finir là ; sans quoi l'option devenait illusoire : je ne vois par-là l'ombre de la révolte, et vous-même seriez bien en peine de spécifier en quoi elle consiste.

(*Page* 41.) « Autrefois on appellait

communier, recevoir dans sa bouche de la main d'un prêtre sortant d'un mauvais lieu, et encore ivre, un petit morceau de pâte de farine bien plat, de la rondeur de ce que nous appellons un petit sou ». Cette phrase est souverainement indécente : vous avez beau être thiophilantrope, vous n'êtes pas destiné à devenir chef de secte ; vous n'avez rien de ce qu'il faut pour jouer un pareil rôle, si ce n'est pourtant une forte dose d'amour-propre et de bonne opinion de vous-même, ce qui ne suffit pas : sans doute, il est possible qu'un prêtre soit assez dépravé pour hanter les mauvais lieux, et se montrer ivre à l'église (chose que vous avez rarement vue) ; tant de prêtres ont prouvé pendant la révolution, de quoi ils étaient capables : s'ensuit-il de-là, que ces indécences soient très ordinaires, comme vous en paraissez convaincu ? « On appellait *autrefois* communier... » On l'appelle encore aujourd'hui, et malgré vos grossières invectives, on l'appellera ainsi, long-temps après qu'il ne sera plus question ni de vous, ni de vos lourdes et innombrables productions.

(*Page* 43.) « La loterie nationale que j'ai récréée, donne du lait aux enfans trouvés, du bouillon aux malades et de la charpie pour les blessés ». Ah ! vous vous en vantez actuellement : il y a de quoi : vous avez donc bien peu de titres à l'estime publique, à la reconnaissance de vos concitoyens, puisque vous tirez vanité de ce qui ferait rougir un autre : je n'ajoute rien, et vous renvoie à ce que j'ai dit plus haut à ce sujet. Cependant, persuadez-vous bien que l'on n'est pas votre dupe : ce n'est ni pour les enfans trouvés, ni pour les blessés, ni pour les malades que vous avez récréé la loterie ; c'est *uniquement* pour vous, qui avez *accroché* (à ce que je crois) un emploi dans l'administration de cet immoral et odieux impôt. Les parisiens, dites-vous, sont intéressés ; vous êtes de Paris ; il faut vous en croire.

(*Page* 46.) « C'est toujours au nom du peuple, que l'on dit, qu'il faut écrire, » on ne dit pas cela ; » et il n'y a pas la centième partie du peuple qui lise, et la millième qui puisse distinguer le vrai du faux ». En voilà la raison : or ceux qui diront qu'il faut écrire au nom du peuple diront une sottise. » La calomnie a osé me flétrir du nom de royaliste, moi qui ai attaqué constamment le royalisme caché sous le masque du jacobinisme, moi dont la plume est si indépendante ». Assurément ces calomniateurs n'avaient pas lu les *annales patriotiques*, que vous et votre associé Carra, enrichissiez de réflexions si lumineuses et sur-tout si républicaines, à une époque où le gouvernement étant encore monarchique, on devenait rebelle en se montrant républicain : car, rien n'est plus gauche, que l'affectation que mettent quelques grands patriotes à rappeller leurs actes de républicanisme dès 1791 : c'est avouer qu'ils se sont révoltés contre l'autorité légitime, constitutionnelle ; quelle confiance méritent-ils donc ? Celui qui a méconnu des lois qu'il avait juré de maintenir et d'observer lui-même, sera-t-il plus fidèle à des lois nouvelles ? *Vous avez attaqué le royalisme, sous le masque du jacobinisme* : je ne vous fais pas l'injure de vous croire royaliste, C. M. ; mais la preuve que vous offrez de votre républicanisme ne me paraît nullement convaincante : on veut nous persuader que les royalistes et les jacobins sont la même chose, tendent au même but : cette assertion est absolument dénuée de fondement ; les deux partis ne se ressemblent, qu'en ce qu'ils sont l'un et l'autre opposés au gouvernement constitutionnel : or les gouvernans qui combattent, avec une sorte de raison, tout ce qui peut leur nuire, ont confondu (volontairement) deux partis qui n'ont rien de commun. Voilà pourquoi vous et tant d'autres intéressés *personnellement* au maintien de l'ordre actuel, et redoutant une subversion quelconque, attaquez les jacobins, tout en les traitant de royalistes : c'est une jonglerie dont personne n'est plus dupe; et ce que je dis est tellement vrai, que lorsque le gouvernement a terrassé l'un des partis, l'autre a soudain repris une prépondérance effrayante : jamais ils n'ont été frappés du même coup; vous en conviendrez. Si la conjuration de Babœuf eut réussi, pensez-vous que Louis XVIII fut monté sur le trône ? Répondez franchement, vous ne le croyez pas ; mais il vous suffit d'être certain, que vous n'eussiez pas été une partie intégrante du gouvernement qu'il voulait établir, pour bénir le jour de son supplice. Je conviens que votre plume est souvent très-*indépendante*, et même dans un sens que je veux vous laisser le plaisir de deviner.

(*Page* 51.) « Lors de l'installation du Directoire-exécutif, les royalistes perdant tout espoir exercèrent leurs petites vengeances, en écrivant des traits malins ou injurieux ..... des lazzis, etc. ». Si les royalistes avaient quelque espoir avant l'installation du Directoire, je ne vois pas pourquoi ils devaient le perdre absolument à cette époque ; ces petites vengeances dérivaient naturellement du caractère national, qui a survécu à toutes les horreurs de la révolution : ces lazzis étaient : *Manufacture de Sires à frotter* : je trouve cela aussi plaisant que d'appeler le roi, le *boulanger*, la reine, la *boulangère*, et le dauphin, le *petit mitron*. — *Nous ne pouvons continuer la guerre avec cinq Cartouches* : celui-ci est un peu plus fort, et je conviens qu'il ne fallait pas le lâcher sitôt. --- *Les anglais ne se dépitteront, que quand les français seront débarrassés*. Nous sommes *dé*barrassés depuis long-temps, les anglais ne sont *dépités* que depuis peu : ajoutez que la retraite de l'un a été volontaire et honorable, et celle de l'autre précisément le contraire ; l'un conserve une grande influence, l'autre est retombé dans l'oubli, dont il n'aurait jamais dû sortir, pour son honneur, et pour notre repos. « Cette petite guerre de lazzis fut aussi courte que frivole ». Une pareille guerre ne pouvait durer longtemps ; cette artillerie était trop faible, contre celle du 18 fructidor. « Le Directoire prit son aplomb, dédaigna les épigrammes, et marcha avec fermeté à son but ». Permettez-moi de rire de cet *aplomb*, que le 18 brumaire lui a fait perdre un peu brusquement ; » il marcha à son but ». Et quel était son but, je vous prie ? ce qu'il y a de plus flatteur à dire sur son compte, c'est qu'il n'en a point eu, et qu'il a toujours marché à tâtons, guidé uniquement par les circonstances ; pour son honneur, je lui accorde de n'avoir jamais connu le but qu'il a atteint.

(*Page* 52.) « Après toutes les secousses.... le Directoire rétablit l'ordre et le repos ». Je ne réponds pas à de pareilles absurdités. « Il fut *un instant* grand, ferme, modéré ». Je suis de votre avis, *un instant* ; de combien le voulez-vous ? de deux heures, trois heures, soit ; et le reste du temps, c'est-à-dire *quatre ans*, il aura été le contraire, *petit*, *faible*, *cruel* : à la bonne heure ; je prends acte de votre aveu.

(*Idem.*) Un chapitre entier pour Condorcet ; vous assurez qu'il est mort de faim, et non pas de poison comme on l'a dit dans le temps ; j'y consens : je le plains d'être mort aussi cruellement, non parce qu'il était *Condorcet*, mais parce qu'il était *homme*.

(*Page* 56.) « On peut reprocher à Condorcet, de n'avoir émis dans le procès de Louis XVI, qu'une opinion indécise, contournée, embarrassée... » Cette opinion qu'il s'est réduit à voter la peine la plus grave après la mort, c'est-à-dire les fers, il ne l'a partagée qu'avec l'assassin des fermiers-généraux : Condorcet devait bien plutôt prononcer la peine de mort ; au moins ne dégradait-elle pas l'infortuné qui allait la subir : mais envisager froidement le chef d'une grande nation confondu avec les plus vils scélérats, servir de jouet aux derniers des hommes, c'est une atrocité gratuite ; c'est se déshonorer à plaisir : loin de moi la pensée qu'un citoyen vertueux, qu'un vrai philosophe ait prononcé une telle opinion : oui, je soutiens qu'elle n'a pu germer que dans une ame féroce, dans un cœur gangrené : et je l'ai plaint tout-à-l'heure d'avoir souffert les angoisses d'une mort lente : ce n'est plus la pitié qu'il m'inspire, c'est l'horreur. « Condorcet, Lavoisier n'ont pu trouver une *cache* ». Juste ciel, quel *amalgame !* Ah ! C.

M., Condorcet et Lavoisier !....... Je me tais, rentrez en vous-même; je vous abandonne à vos réflexions.

(*Page* 58.) « Rentiers, classe infortunée, et digne des larmes de tous les cœurs sensibles, que deviendriez-vous s'il survenait dans Paris, une réaction royaliste qui eût quelque succès ». Voici encore les pauvres rentiers : tant mieux : la manière dont vous traitez cet article est assez plaisante, pour égayer un peu la matière qui se rembrunissait, grace à votre ami Condorcet mort au cachot de poison ou de faim, ce qui revient au même, puisqu'il est mort. Vous plaignez donc ces pauvres rentiers ; quel effort vous faites-là ! Je trouve pourtant, que vous vous y prenez assez gauchement pour leur inculquer vos craintes d'une réaction royaliste : que peuvent perdre à une réaction, des gens qui ont tout perdu ou à peu près ? leur calcul est simple, voici le raisonnement du rentier. « Si on me rend mes capitaux en totalité, je gagne cinq ou six fois ce que j'ai aujourd'hui : si on me conserve seulement le tiers qu'on m'a laissé, j'aurai presque deux fois autant, puisqu'il perd 40 à 50 pour cent : et je pense que si le roi revenait, il ne pourrait faire moins pour nous, et s'estimerait très-heureux d'être libéré des deux tiers de ses dettes, sans avoir l'odieux de la banqueroute : s'il me prend ce peu qu'il me reste, eh bien patience, je mourrai de faim, aussi bien finirai-je de même si cela continue ainsi : mais à tout hasard, je veux courir la chance ». Il est un principe de toute éternité, c'est que celui qui est mal, desire toujours un changement, persuadé qu'il ne peut y perdre ; quelquefois il se trompe et n'en conserve pas moins la même opinion. Ainsi donc ne parlez pas aux rentiers de réaction : ils ne croiront pas un mot de ce que vous leur direz ; ces confidences-là ne sont bonnes qu'à l'égard de ceux, qui ne peuvent gagner à un changement. « Vous n'avez plus que des titres nouveaux, que le despote ne voudrait pas reconnaître ». Le despote saurait que les titres anciens ont été enlevés de force et reconnaîtrait les nouveaux : ce que vous dites-là est aussi ridicule, qu'il le serait de vouloir que le roi n'entrât pas aux thuileries, parce que les ameublemens ou les distributions en auraient été changés. Vous apostrophez ensuite les invalides, et les prévenez que le despote les chasserait pour avoir défendu la république, comme s'ils avaient été libres de faire autrement. Vous pouviez étendre beaucoup ces brillantes apostrophes : vous deviez dire aux négocians, (toujours au nom du despote) comment drôles que vous êtes, vous avez expédié des vaisseaux portant le pavillon tricolor, je vous défends de commercer davantage ; allez malheureux, allez planter des choux : aux artistes, peintres, musiciens, etc. quoi vous avez osé mettre en musique les hymnes républicains, peindre les victoires de la république : allez coquins, je vous défends de faire autre chose que des contredanses et des enseignes : aux fabricans et ouvriers, ah ! misérables, vous avez fabriqué des draps pour habiller ces troupes de révoltés, vous leur avez fait des souliers et des chapeaux, etc. je ne vous connais plus : et finalement à tous les français : malheureux, vous avez porté cette cocarde tricolor, ce signe de rebellion : sortez tous de France, et que je n'entende plus parler de vous : alors le despote resterait seul, ce qui serait très-récréatif. Pardon, C. M., si je prends la liberté de m'égayer un peu ; mais, en vérité, vos idées sont si burlesques, et sur-tout si neuves qu'elles derideraient le censeur le plus atrabilaire.

(*Page 62.*) Le chapitre des libellistes est traité un peu sévèrement : vous avez raison dans le fond : prenez garde seulement de confondre les libellistes

avec

avec les critiques : cette erreur est assez commune : tel écrivain lit une censure de son ouvrage, il croit lire un libelle. Vous blâmez fortement les journalistes de se contredire ouvertement sur les personnes et sur les choses ; ce reproche est fondé ; mais vous avez prouvé, qu'il pouvait se faire à d'autres qu'à des journalistes : feuilletez vos productions, si vous en avez le courage, et (sans parler de cette bienheureuse loterie) vous vous trouverez plus d'une fois en défaut.

(*Page 64.*) « Quelle est cette manière nouvelle de raisonner ? Il y a eu de grands scélérats dans la Convention ; donc la Convention est composée de scélérats ! » On ne raisonne pas ainsi, ou l'on déraisonne : voici ce qu'on dit : *il y a eu de grands scélérats dans la Convention ; ils l'ont subjuguée : tous ses membres ont fléchi sous le joug de ces monstres : ainsi la Convention a été composée de scélérats qui ont fait le mal,*

L

et de lâches qui l'ont laissé faire ; ce qui est fort différent de ce que vous dites, et dans l'exacte vérité. « La république a été depuis sa fondation, le théâtre des factions et du désordre ; donc il ne peut y avoir ni lois, ni repos dans une république ». On ne dit pas cela non plus ; pourquoi faire les hommes encore plus bêtes qu'ils ne sont ! on dit : *la république a été depuis sa fondation, le théâtre des factions et du désordre ; or on peut espérer que les lois y régneront un jour, et que la tranquillité y sera rétablie ; mais il n'y a pas l'ombre du crime à en douter, et jusques à cette époque, à comparer au temps actuel un temps plus heureux :* voilà ce que l'on dit, et l'on a raison.

(*Page* 65.) « Les sottises de la cour ont engendré le déficit. » Plaisant déficit ; que les sommes dépensées en 1789, en cocardes et en uniformes eussent payé et fort au-delà. « qui a engendré la guerre de l'Amérique, » J'ignorais que la guerre d'Amérique eut été produite par le déficit ; c'est ce qu'on peut appeler une cause *secrette*. « Qui a engendré la haine de l'Angleterre ; » Si non engendré, au moins consolidé, et il y avait de quoi. « Qui a engendré, etc. etc. etc. » Encore sept ou huit filiations, dont la plus lumineuse est celle qui attribue l'agiotage aux jacobins, comme si, où il y a un papier-monnaie, pour numéraire unique, il est besoin d'autre chose, pour créer des agioteurs et des fripons.

(*Page* 71.) « Le 3 vendémiaire (an 4), les sections du Théâtre français, de l'Unité, le Pelletier, prirent les plus violens arrêtés contre la Convention, firent proclamer la désobéissance aux décrets acceptés de la France entière ». Il est question des décrets des 5 et 13 fructidor, portant que les deux tiers de la Convention entreraient dans les conseils : vous donnez une furieuse atteinte à la vérité, en assurant que la France entière les avait acceptés : la véritable acceptation n'a eu lieu que le 13 vendémiaire : la Convention a voulu que la fin de son règne fut en tout digne de son commencement et de sa durée. Il était impossible de mieux couronner l'œuvre : formée sous les haches de Septembre, c'est sur des monceaux de cadavres qu'elle a terminé sa longue et désastreuse session : quelle honte pour la France que ceux qui l'avaient couverte de sang et de ruines, ayent osé impudemment s'offrir pour la gouverner encore ! Ah convenez, qu'il vous a fallu du canon pour arracher l'acceptation des français : convenez-en pour leur gloire : si la nation avait été assez lâche pour vous appeler, elle serait à-jamais déshonorée.

(*Page* 97.) « C'est aux courageux modérés, qu'on doit que la révolution n'ait point été portée au point de cruauté, où toute la France n'a que trop appris qu'on voulait la porter ». Et vous croyez, C. M., que les modérés y ont fait quelque chose : ils y ont contribué comme vous, qui étiez en prison lors du 9 thermidor, par leurs vœux, et voilà tout. « L'opposition constante des modérés a éloigné, a rallenti, a réprimé ces massacres si atrocement combinés ». Eh mon Dieu ! ils ne se sont opposés à rien : que pouvaient-ils faire sous le règne de Robespierre ? ils se cachaient. « Les modérés ont saisi le moment qu'un nouvel excès allait nous déshonorer encore, pour se soulever dans toute la république ». Je crois que vous rêvez ; où avez-vous vu les modérés se soulever ? « Le peuple entier les a secondés, las et honteux de tant d'atrocités, et le 9 thermidor s'est accompli ». Le 9 thermidor a été fait par les membres du Comité de salut public, opposés aux triumvirs : par Barrère, Billaud-Varennes et Collot-d'Herbois : ce sont là des modérés, selon vous, à la bonne heure : lorsque le succès a été décidé, les modérés se sont montrés, j'en conviens; convenez donc aussi, quoique modéré, que cette classe si respectable à tant d'égards, n'a joué dans les grandes époques de la révolution, qu'un rôle purement passif. (*Page* 98.) « Le 9 thermidor, le 14 juillet, voilà les deux jours de l'unanimité du vœu des français dans la révolution ». Vous croyez que le 9 thermidor a obtenu l'approbation des partisans de Robespierre, de ces patriotes purs, metteurs de scellés, ou membres de comités révolutionnaires; non en vérité, et je n'oublierai jamais que j'ai entendu des hommes qui passaient pour honnêtes gens, se plaindre, en 1795, de la cherté du pain, et dire avec complaisance, que sous Robespierre il ne coûtait que trois sols: ainsi le vœu des français n'a pas été unanime dans cette journée; vous me direz, peut-être, que ceux qui la blâment ne sont pas français; pardonnez-moi; ils le sont comme vous; leur opinion seulement diffère de la vôtre; voilà tout.

(*Idem.*) « Le 14 Juillet, le peuple français a dit : je veux être libre ». Il n'a rien dit : quelques milliers d'individus excités par des orateurs gagés, se sont portés sur la bastille où jamais on ne les eut mis, et ont laissé subsister bicêtre, où peut-être, un grand nombre de ces guerriers a déjà terminé sa carrière : la bastille prise, les dix-neuf-vingtièmes de Paris et le reste de la France, qui n'avaient pu s'en mêler ont entendu crier : *nous sommes libres :* ils ont répété : *nous sommes libres :* comme ils auraient répété toute autre chose. « Le 9 thermidor, le peuple a dit : je veux être juste : » Il ne l'a pas dit davantage : d'ailleurs il aurait attendu un peu long-temps à devenir juste : le 9 thermidor s'est opéré sans le peuple, par hasard, par un concours de circonstances heureuses, par la lâcheté des triumvirs et de leurs suppôts : la bataille gagnée, on a crié : *le Dictateur est à bas : les tyrans sont morts :* le peuple a répété : *le Dictateur est à bas, les tyrans sont morts ;* mais il n'a pas ajouté qu'ils ne ressusciteraient pas, de peur de se tromper.

(*Page* 98.) « Ainsi si les modérés se sont opposés aux massacres de tant de français, au moins imprudens, s'ils ont eu le bonheur d'en sauver un si grand nombre au 9 thermidor, leur rôle n'est point fini ». Encore une fois, ils ne se sont opposés à rien ; mettez-vous bien dans la tête que les modérés sont des êtres nuls par essence, aussi incapables d'empêcher le crime que de le commettre : ils n'ont sauvé personne au 9 thermidor, puisque cette journée a été l'ouvrage de gens qui n'ont jamais passé pour modérés ; et l'on peut dire que les vainqueurs, et les vaincus ne valaient guère mieux les uns que les autres. *Leur rôle n'est point fini ;* eh ! il n'est pas commencé, et ne commencera pas, je vous en réponds, à moins que vous n'appelliez jouer un rôle, boire, manger, dormir, lire la gazette, souvent de travers, y voir ce qu'on desire, et prendre l'opinion du journaliste, pour un arrêté du gouvernement : c'est en quoi consiste la vie du modéré ; il est parvenu à un tel degré de lassitude, que tout lui sera bon pourvu qu'il soit tranquille, et qu'il jouisse paisiblement du peu qu'on lui a laissé ; les neuf-dixièmes de la France se reconnaîtront à ce portrait : ce sont-là d'honnêtes gens, me direz-vous : oui : mais ces honnêtes gens attendront patiemment ce qu'ils desirent, ne feront pas le moindre effort pour l'obtenir plutôt ; et c'est pourquoi ils ne s'opposeront jamais à une subversion quelconque, et ramperont toujours sous le joug. « Les libérateurs du 9 thermidor, ne souffriront pas qu'une conspiration inverse embrasse un autre quart de la France dans des massacres non moins exécrables ». Si vous ne comptiez que sur eux pour l'empêcher, je vous conseillerais d'en faire votre deuil : c'est au gouvernement à s'opposer de toutes ses forces, à ces réactions criminelles : il le peut *s'il le veut*. La France a besoin d'une amnistie générale, d'un pardon entier, universel, sans aucune restriction : cette amnistie publiée, il faudra sévir également contre tout coupable de quelque parti qu'il soit : et c'est ce qui dépend absolument des chefs de l'état : pour parvenir à ce but si nécessaire, à la destruction des brigands, on devrait rendre responsables des assassinats, non les habitans des Communes, souvent absens et presque toujours désarmés et hors d'état de s'opposer à rien ; mais les *administrateurs* chargés de la police, lorsqu'ils auront des forces suffisantes, ainsi qu'ils en ont dans presque toutes les villes : je suis convaincu que cette responsabilité (très-juste) arrêterait les assassinats;

et jusques aux vols qui se commettent impunément et à toute heure, à la porte, au milieu même des villes inondées de troupes, et de commissaires de police. C. M., vous avez, sans doute l'oreille du gouvernement : conseillez-lui d'essayer de ce moyen-là pendant quelques décades; il s'en trouvera bien, et nous aussi.

(*Page* 104.) « On conseillait naguère aux émigrés français d'aller conquérir le Canada, mais on ne leur disait pas, où ils trouveraient des trésors et une flotte pour opérer cette conquête ». Ce conseil n'aurait pas eu le sens commun, et ne leur a jamais été donné : vous n'avez écrit cette phrase, que pour amener bien ou mal la suivante, sur laquelle je vais vous faire part de mes réflexions, avec la franchise qui vous est dûe. « Pour nous qui savons qu'on ne fera jamais d'un émigré, un aventurier, un flibustier, nous leur donnerons des conseils plus assortis à leur *couar-*

dise, à leur lâcheté ». Vous avez sûrement prétendu leur dire une impertinence, en assurant qu'on n'en ferait jamais des aventuriers, des flibustiers ; c'est pourtant un compliment que vous leur faites, et j'en appelle à tout homme sensé : ces deux rôles ne sont pas assez honorables, pour qu'il soit honteux d'en être jugé incapable : il n'en est pas de même de la seconde partie de votre phrase : elle est claire, précise, et ne laisse rien à désirer : les émigrés, selon vous, sont donc des poltrons et des lâches : voilà leur arrêt irrévocablement prononcé ; mais vous, C. M., qui décidez si lestement une question aussi délicate, quels sont vos titres pour vous ériger en juge souverain d'une masse d'hommes, dont il n'est pas un seul, qui en vous regardant en face, ne vous fit baisser les yeux ? Le métier d'écrivain donne-t-il le droit de ternir les réputations ? Ignorez-vous quels *désagrémens* sont attachés à la calomnie ? Je mets à part, les torts des émigrés *révolutionnairement* parlant ; je ne défends que leur bravoure personnelle, comme je défendrais celle de tout français attaquée sans preuves, et par un juge tel que vous. Il ne vous reste que deux partis ; il faut déclarer que convaincu d'avance, du peu de cas que l'on ferait de votre opinion sur une matière qui vous est si étrangère, vous avez regardé cette phrase comme insignifiante sous votre plume ; ou soutenir votre dire, et trouver bon que les émigrés qui vous rencontreront tâchent de vous détromper sur leur compte : à tout hasard, munissez-vous d'un ou deux exemplaires de *tous* vos ouvrages (en feuilles) ; placés avec intelligence, ils vous garantiront beaucoup, et, vu leur nombre, de tous les côtés : ce sera bien ici que la quantité sera préférable à la qualité.

(*Page* 109.) « Les hommes qui ne voient que les apparences, peuvent croire au retour de la terreur, mais son talisman est brisé ». La chose ne me paraît pas démontrée : avant le 18 Brumaire, on s'acheminait à grands pas vers elle, et personne ne s'y est opposé; la loi des otages n'était-elle pas le pendant de celle des suspects ? « La seule terreur qui soit à craindre aujourd'hui, c'est la cruelle, c'est l'inévitable vengeance des royalistes, si jamais ils devenaient vainqueurs ». Le petit bout d'oreille, C. M. ! vous tremblez pour vous ; ainsi il faut inspirer vos craintes aux autres, pour qu'ils vous protègent, quoique bien convaincu qu'il ne vous arriverait rien ; vous avez été assez *nul* pour n'avoir rien à redouter d'une réaction. « Robespierre, les satellites de Robespierre, étaient de grands scélérats; ils nous ont fait prodigieusement de mal : l'horreur qu'ils nous inspirent est bien vive !... faut il l'avouer ? les royalistes seraient pires encore ». Je trouve ici une partialité révoltante, ou une déraison complette : vous avez été emprisonné par Robespierre ; vous avez échappé miraculeusement au glaive de ses bourreaux ; il est constant que s'ils redevenaient les maîtres, ils acheveraient leur ouvrage, si heureusement commencé : vous savez tout cela, et vous desirez leur règne plutôt que celui de gens, qui, peut-être, vous feraient autant de mal, mais, à coup sûr, pas davantage : ainsi vous préférez un péril certain à un péril douteux : voilà votre raisonnement : si vous l'avez écrit de conviction, j'en appelle à *Philippe à jeûn*.

Une observation, qui doit trouver place ici, c'est que les royalistes, même les républicains probes, peuvent ne pas approuver la forme actuelle du gouvernement, les uns parce qu'ils voient un chef autre que celui qu'ils desireraient, les autres parce qu'ils croient ne plus voir de république ; mais aucun d'eux ne fera jamais la moindre tentative pour changer le gouvernement, et sur-tout n'est capable de le changer par un ASSASSINAT ; c'est de quoi le C. M., lui-même, est pleinement convaincu : quant aux jacobins, leurs preuves sont faites : les complots dirigés contre le premier consul, notamment celui de la machine infernale, presqu'aussi ridicule qu'atroce, ne laissent aucun doute sur les projets de ce parti, que rien n'adoucira, ni ne corrigera jamais : il est bien démontré que l'assassinat n'est qu'un jeu pour des hommes qui enveloppent froidement dans leur vengeance, tous les individus offerts par le hasard, encore pour laisser échapper leur victime : rappellons-nous que long-temps encore le sort de la France tiendra, peut-être, à une *seule* tête : or, s'endormir sur un bonheur, une tranquillité si précaires, n'est-ce pas s'endormir sur un volcan ?

Voilà le parti dont vous préférez le retour à celui des royalistes, C. M. ;

l'inconséquence dans un citoyen obscur, isolé, est à peu-près nulle pour ses suites, et on vous la passe : il n'en est pas de même dans les chefs d'un état ; des ménagemens en un cas pareil, sont un crime ; produits par l'aveuglement, ou par la faiblesse, ils sont également inexcusables : dans quel abyme de maux pourrait nous jeter la réussite d'un complot tel que ceux qui ont déjà été tramés ? ce n'est pas seulement leur sûreté personnelle que doivent envisager nos gouvernans ; ils sont encore responsables de la tranquillité de la France, de l'Europe, peut-être du monde entier.

(*Page* 110.) Très-longue tirade dans le même genre, dont toutes les phrases pourraient être relevées : elle finit par l'énumération de tous les malheurs qui attendent Paris, cette ville coupable, si les royalistes prenaient le dessus : c'est une rapsodie qui ne mérite pas d'être commentée.

(*Page* 154.) « Depuis que le peuple est souverain, et qu'il s'intitule lui-même ainsi, il est bien inconcevable qu'il se laisse écraser par fois (par les cabriolets), comme sous l'ancien régime ». Ce qui est encore plus inconcevable, c'est que vous écriviez sérieusement que le peuple est souverain : ma foi, s'il l'est, il se gouverne mal : quel plaisant souverain que celui qui s'écrase lui-même d'impôts de toute espèce, et qui voulant toujours la paix, fait la guerre depuis huit ans !

(*Page* 160.) « Oh ! vous viendrez visiter la grande cité, vous qui vivez à quatre ou cinq cent lieues de nous : vos despotes auront beau vous enchaîner, vous leur échapperez ». Si pourtant les despotes en agissent comme la France avec ses émigrés, ces *visiteurs* de la grande cité seront-ils bien curieux de rompre leurs chaînes ? « Vous viendrez parmi nous, et nous vous apprendrons à vous moquer un peu de ces couronnés »; la plaisanterie, je vous la passe; « en attendant que vous appreniez *à les traiter comme ils le méritent* ». Voici du sérieux : cela signifie sans doute, *à leur couper le cou*, puisque c'est la seule leçon que nous puissions donner : les rois auraient donc tort de trouver mauvais qu'on appellât leurs sujets en France, pour les engager à les faire assassiner à leur retour ! vous voyez bien, C. M., que votre républicanisme va trop loin : on peut haïr les gens, sans vouloir leur mort; c'est une exaltation plus que ridicule; si la cause que vous défendez en était réduite à de pareils argumens, elle serait irrévocablement perdue.

(*Page* 166) « L'anniversaire du 21 Janvier, est fondé sur une loi grandement politique, et est devenu *une fête républicaine et immortelle* ». Cette loi, grandement politique, a été très-*politiquement* rapportée : la fête immortelle n'existe plus, malgré votre prédiction. « Mieux vaut goujat debout, qu'empereur enterré. --- Ce vers a un très-grand sens ». J'en conviens; mais que veut-il dire ? que Louis XVI mort, vaut moins que tout homme vivant, que vous, que moi; la chose est indubitable : il est seulement fâcheux que l'application que vous en faites, n'ait pas le sens commun : est-ce l'homme mort seulement que nous devons considérer ? non ; c'est le monarque jugé, condamné ; conséquemment la thèse est absolument différente : cela est tellement vrai, que si je vous disais : C. M., *pourquoi vous lamentez-vous sur le supplice de vos vingt-deux collègues, sur l'assassinat de tant de républicains, sur la perte de tant de guerriers immolés aux armées ? ils sont morts, tout est dit, et un goujat debout vaut mieux aujourd'hui que tous ces gens-là.* Vous me répliqueriez que, bien que n'existant plus, le rôle qu'ils ont joué, la part qu'ils ont prise aux évènemens, mille raisons en un mot, obligent de s'en occuper : je suis de votre avis, et vous renvoie à l'application. « Ainsi quand l'ouvrage est fait, quand la statue est fondue, quand la hache est tombée, ce n'est plus ce qui est fait qu'on doit censurer : le passé n'est plus à nous ; il ne faut plus voir alors que le présent et l'avenir. « Le passé n'est plus à nous ; c'est-à-dire, que nous ne pouvons le rappeller, ni défaire ce qui est fait ; vérité tellement triviale, que vous pouviez vous éviter la peine de l'écrire : d'où je suis bien loin de conclure, ainsi que vous, qu'on ne doive jamais censurer ce qui est fait ; car alors tous les crimes, une fois commis, il ne faudrait plus y penser, ce qui serait fort commode pour les voleurs et les assassins.

(*Page* 167.) « Tout fonctionnaire public prête ce jour-là le serment individuel de haine à la royauté : je l'ai prêté ; et s'il n'eut pas été dans mon cœur, il n'aurait point passé sur mes lèvres ». Ce que je vais dire, vous paraîtra peu poli : je vous en fais d'avance mes excuses : *je ne crois pas un mot de ce que vous dites ;* quand même la haine pour la royauté n'eut pas été dans votre cœur, vous en auriez également prêté le serment : parce qu'entre un serment, fort insignifiant en lui-même, et la perte d'un emploi honorable et lucratif, l'option eut été bientôt faite : et si demain le roi remontait sur le trône, et vous demandait, en vous accordant une charge, ou une pension, le serment de haine à la république, nous n'hésiteriez pas. Il faut, pour se refuser à des sermens, dans un temps où ils sont aussi ridiculement prodigués, une fermeté de caractère, une inflexibilité de principes dont très-peu d'hommes sont doués, et vous moins que personne. « Le 21 Janvier 1796, la fête qui devait être célébrée en commémoration de la juste punition du tyran ». Si sa punition a été juste, vous avez donc trahi votre devoir ou votre conscience en ne le condamnant pas. Eh ! C. M., vous avez eu le courage de ne pas voter sa mort, ayez celui de dire qu'il ne la méritait pas.

(*Page* 169.) « La grande nation doit célébrer l'anniversaire du 21 Janvier, et menacer de réduire en poudre les trônes voisins, plutôt que de donner le plus léger témoignage de crainte ou de repentir ». Nous voyons déjà que cet anniversaire ne se célèbre plus : quant à la menace de réduire les trônes en poudre, le royaliste le plus prononcé ne donnerait pas un conseil plus perfide ; car il n'est pas douteux qu'à cette menace les rois se ligueraient *sérieusement* contre nous ; et si la coalition était générale, et bien dirigée, la grande nation ne résisterait pas un an : c'est de quoi les fous et les imbécilles peuvent seuls douter.

« J'ai fait ce qui était en moi pour souver le dernier roi du supplice et de la mort ». C'est la plus belle action de votre vie. « Il n'est plus : ses cendres sont insensibles : s'il le faut, je danserai *politiquement* sur ses cendres ». Pour le coup, je vous supplie de m'avertir du jour : de quelque manière que vous dansiez, je veux, quoiqu'il m'en coûte, être témoin de cette farce.

(*Page* 170.) « Ainsi un trône de huit cent années fut ensanglanté et renversé ; mais ce qu'il y a de plus étonnant, ce fut, certes, sa durée ». Sa durée est d'autant moins étonnante, qu'avec tout autre roi que Louis XVI, il n'eut pas été renversé : il fut peut-être l'homme de son royaume le plus fait pour la révolution : avec le roi, elle est toute simple ; sans le roi, elle est incroyable.

(*Page* 192.) « Nous voici donc encore une fois échappés à une nouvelle conjuration (de Babœuf), qui eut assuré

suré le triomphe du plus affreux brigandage, et qui aurait retracé dans quelques heures, dans un jour tout au plus, toutes les horreurs, tous les forfaits du régime révolutionnaire ». Et ce sont ces hommes dont vous préférez le retour à celui des royalistes ! convenez au moins que ceux-ci n'en feraient pas davantage.

(*Page* 194.) « Nous avons vu paraître sur la scène des scélérats, des êtres absolument nuls, qu'on ne connaissait pas la veille, qui sortaient en effet du néant, ou de la tombe du mépris, mais dont l'existence éphémère causait plus de désastres, que la longue carrière de César et de Cromwel ne fit éprouver de malheur à leurs pays ». Courage, après de pareils portraits, vous avez bonne grace à dire que le règne de ces gens-là vaudrait mieux encore que celui des royalistes: pour être conséquent, il faudrait atténuer les crimes des anarchistes, ne pas les montrer dans leur affreuse nudité ; sinon le but est manqué, votre bonne foi devient suspecte, et personne ne croira ce que vous ne pouvez croire vous-même.

(*Page* 196.) « C'est à l'histoire à dire le châtiment de Babœuf, et comme quoi on ouvrit les portes de la prison à Drouet ! ! ! » L'histoire dira que Babœuf a été guillotiné, et méritait de l'être ; que Drouet, son complice, a échappé au supplice, comme tant d'autres criminels qui courent les rues de Paris, ou vivent paisiblement dans leurs foyers, et qu'on n'a pas voulu frapper l'homme qui avait joué un si grand rôle à Varennes, à qui l'on devait, ou *croyait devoir*, l'arrestation du roi ; l'homme qui, porté par cette action *sublime* à la Convention nationale, avait gémi long-temps dans les prisons de l'Autriche, et avait mérité, à ces divers titres, une impunité générale et perpétuelle. En effet, les rois auraient regardé comme une sorte de triomphe le supplice de Drouet, de l'individu qui avait arrêté Louis XVI : on a mieux aimé les priver de cette satisfaction, et garder en France un jacobin de plus : dans la masse il n'y paraît pas.

SIXIÈME LETTRE.

(*Page 2.*) « Au spectacle (avant la révolution), toutes les allusions étaient saisies contre l'autorité royale ». Cela prouve deux choses : 1°. Que toujours le peuple s'est prononcé contre l'autorité, puisqu'il en fait autant aujourd'hui, en saisissant toutes les allusions contre notre gouvernement, et il a beaucoup à saisir : 2°. Que le gouvernement français n'était ni despotique, ni tyrannique ; car les applaudisseurs eussent été traités de manière à les dégoûter pour jamais de leur rôle, qui n'eut pas duré quatre jours ; *c'est ce qu'il fallait démontrer :* comparez de bonne foi les spectacles actuels et ceux d'il y a quinze ans, vous verrez que la liberté d'y saisir les allusions malignes, est beaucoup moins entière qu'elle n'était.

(*Page* 3.) « Il faut presque obliger les citoyens paresseux ou insoucians, à aller vôter dans leurs assemblées primaires ; ils disent qu'ils ont peur d'un coup de chaise, d'une taloche ». Ils pourraient même ajouter, d'un coup de stilet, duquel, s'ils en réchappent, ils n'auront pas justice ; par conséquent ils font très-bien de ne pas aller aux assemblées primaires, et d'autant mieux que leurs nominations sont respectées par le gouvernement, comme nous l'avons vu tant de fois ; les assemblées primaires étaient une vraie momerie, qu'il est impossible de défendre sérieusement : le gouvernement l'a si bien senti, que vous voyez ce que sont devenus ces jours mémorables où le *peuple français jouissait de la plénitude de sa souveraineté* : je pardonne aux citoyens qui se sont présentés une fois à ces assemblées ; ceux qui, ayant vu leurs élections cassées par le seul caprice d'un gouvernement, qui abusait indécemment de sa puissance, y sont retournés une seconde fois, sont des SOTS ; entendez-vous, C. M. ? « Le peuple s'élevait à telle époque contre les rois, il semble les regretter à telle autre ». Il est possible que dans certains momens la comparaison soit à l'avantage du temps passé ; et pour lors il ne faut pas s'étonner des regrets du peuple ; ils sont naturels ; on est mal ; on croit se rappeller qu'on a été mieux : si c'est une erreur, elle est excusable. « Il se plaisait à exercer ses droits de souverain, il est le premier à s'en moquer ». Il a vu que le gouvernement s'en moquait lui-même ; il a eu le bon esprit de l'imiter, plutôt que de se fâcher, ce qui eut été peine perdue. « Parmi ceux qui ont le droit de voter, à peine y en a-t-il la dixième partie qui daigne en prendre la peine ». J'ai dit tout-à-l'heure la raison de cette insouciance : quel intérêt peut-on prendre à des opérations qui seront annullées si elles déplaisent aux gouvernans ? il faut donc convenir que le peuple n'est plus souverain, qu'il doit se borner à obéir ; et la chose a été formellement déclarée par la constitution de l'an 8 : c'est au moins un acte de franchise et de bonne foi : car annuller d'un trait de plume ce que le peuple assemblé légalement avait fait, et le traiter encore de souverain, c'était une dérision insultante, un outrage réel, que la grande nation a digéré paisiblement pendant quelques années. Il s'offre à ce sujet une remarque curieuse : dans les années où les assemblées primaires ont été plus nombreuses, où la grande majorité des citoyens s'y est présentée, les choix ont été tels, que le gouvernement a cru devoir les annuller pour y substituer les siens propres ; le tout sous prétexte de royalisme : mais dans ce cas, la majorité de la France voulait donc être représentée, administrée par des royalistes : les gouvernans n'avaient donc pas le droit de s'y opposer, puisqu'il est reconnu qu'un peuple peut choisir la forme de gouvernement qui lui convient, et la changer lorsqu'elle lui déplaît : c'est donc ici la minorité qui était rebelle : avouez-le, ou convenez que l'accusation de royalisme intentée contre les représentans et administrateurs destitués, était fausse et controuvée; il n'y a pas de milieu.

(*Page 27.*) « Après tant de professeurs, on veut encore des professeurs de langues étrangères ? des langues étrangères ! je croyais qu'il n'y avait plus qu'une langue en Europe, celle des républicains français ». On voit bien que vos voyages se sont bornés à visiter la Suisse; si vous aviez porté vos pas un peu plus loin, vous ne tomberiez pas dans une erreur aussi grossière. « Même avant la révolution, notre langue était celle de l'Europe ». Oui, dans la bonne compagnie ; s'il existe une langue universelle, c'est la nôtre (non pas celle des républicains français, qui est fort différente); mais toutes les classes de citoyens, à beaucoup près, ne parlent pas le français. « Tous nos livres étaient traduits ». Pour ceux dont l'éducation leur en permettait la lecture. « On nous répondait en français de l'embouchure du Tage à celle de la Newa ». Dans le nord de l'Europe sur-tout, notre langue était excessivement répandue, toujours chez les gens d'une certaine classe ; le peuple, proprement dit, ne la connaissait pas : en Italie, rien n'était plus ordinaire à un Français, ne sachant que sa langue, que de se trouver en bonne compagnie, complettement isolé : nos campagnes dans ce pays ont sûrement rendu la nôtre un peu plus usitée : en tout, c'est une grande erreur à un français, de croire qu'il peut voyager partout sans connaître aucune langue étrangère : il sera privé de beaucoup de détails intéressans, ou réduit à ne marcher qu'avec un interprète, ce qui, à part l'incommodité de la chose, n'atteindra jamais entièrement le même but : l'allemande est la plus utile à un voyageur dans le nord de l'Europe, s'il voyage en curieux ; il sera par-tout compris, même en Russie, où les chefs des manufactures, des forges, des atteliers, sont presque tous allemands. Au reste, je crois comme vous que si, d'après le souhait général, depuis si long-temps prononcé, l'Europe adoptait une langue universelle, la nôtre obtiendrait cet honneur, parce qu'à part ses avantages (qui pourraient admettre quelques discussions), elle est déjà la plus répandue : il en coûterait donc moins de l'adopter que toute autre.

(*Page* 69.) « Alors arriverait une amnistie, après l'amnistie des complots, après les complots des trahisons, après les trahisons, la guerre civile ; et voilà l'heureux moment que nos ennemis cherchent à faire naître, pour détruire le gouvernement républicain, et faire remonter les *Tarquins* sur le trône ». Eh ! quoi, C. M., vous qui affichez l'humanité, la clémence, vous rejettez une amnistie, que tout rend nécessaire ? vous aimez mieux la continuation des vols, des brigandages, des assassinats ? vous voulez donc que ces milliers de français errans depuis si long-temps, exposés, pour ne pas mourir de faim, à périr par le glaive des lois, ne reparaissent jamais dans leurs foyers : vous les voyez froidement confondus avec de véritables scélérats, subir les mêmes supplices, et vous vous refusez à l'unique moyen de connaître, de sauver les innocens ! ah ! quelle affreuse philosophie ! et combien cette crainte pusillanime est injurieuse au gouvernement ! quoi, après une amnistie générale, sans restriction, amnistie que tout commande impérieusement, dont le retard, prolongé sans cause, accuse *ceux* de qui elle dépend; les complots, les trahisons, la guerre civile seraient inévitables? si cela était ainsi, la force du gouvernement serait donc nulle : la république aurait résisté aux efforts de plusieurs puissances, pour succomber sous les tentatives de quelques amnistiés? la chose n'est ni vraie ni vraisemblable. « Non, elle ne périra point la république ; elle est immortelle ». Ce serait une plaisante immortalité, si elle tenait à une amnistie. « Les royalistes, épouvantés du 18 Fructidor, commencent à le craindre ». Il en est peut-être que le 18 Brumaire a rassurés.

(*Page* 71.) « Ce qui prouve qu'on avait projeté, dans la réunion de Clichy, un décret en faveur des prêtres, moines et moinesses, c'est la déclaration ingénue d'un carme arrêté à Saintes, revêtu de son costume : la nouvelle est répandue en Espagne, a dit le moine, que le Corps législatif de France allait remettre les choses *in statu quo*, relativement aux religieux ; et qu'il allait nous rendre nos biens et nos couvents ». Cette autorité est admirable : un individu (en supposant que le fait soit vrai), peut avoir été placé là tout exprès, vêtu en moine, et avoir débité les sottises que vous répétez avec tant de complaisance, mais dont vous sentez le ridicule, tout en les écrivant : je suis de meilleure foi que vous ; je pense que quand même l'ancien régime serait rétabli, les moines ne le seraient pas : pour leur rendre leurs couvents il faudrait qu'ils existassent ; ces bonnes gens retrouveraient des rues et des places au lieu de leurs monastères et de leurs églises ; croyez-moi, on ne leur donnera pas la peine de les rebâtir. « La déclaration de ce carme s'accorde parfaitement avec ce qui se passe sous nos yeux... il existe dans la maison de.... rue Honoré, une réunion de moinettes, qui paraissent dans la cour et aux croisées, en guimpe et en voile ». Anecdote digne de servir de pendant à celle du carme : que de pareilles platitudes se trouvent dans quelque méchant pamphlet, ou quelque insipide journal, à la bonne heure; mais qu'un philosophe en souille un ouvrage destiné à la postérité, en vérité ce n'est pas le moyen de le faire parvenir à son adresse.

(*Page* 79.) Encore un grand article sur la loterie : vous y revenez, C. M., soit : le sujet vous plaît; je le crois; vous êtes payé pour cela. « Les pontes vont porter leurs mises chez des receveurs particuliers, ou chez des banquiers qui, tous étant en fraude contre la loi, trompent doublement l'actionnaire, ou en ne le payant pas.... ou en substituant de faux billets.... ». D'abord ce reproche est en l'air : ensuite je ne conviendrai jamais que la plus petite bicoque ait son banquier comme elle a son bureau de loterie ; et finalement, si ces receveurs trompent les pontes, tant pis pour eux ; pourquoi jouent-ils un jeu prohibé ? « Si donc aucune loi ; si aucune prohibition n'a pu arrêter cette fureur de courir la chance des loteries, pourquoi le gouvernement ne ferait-il pas tourner une passion universelle à son profit » ? Je suis loin de vous accorder qu'on n'ait pu détruire cette fureur de loteries clandestines : s'en est-on occupé ? quels sont les receveurs qu'on a saisis, les pontes qu'on a découverts ? or, me persuaderez-vous qu'avec cette fureur si générale, tant d'années se fussent écoulées sans que personne eut été pris en flagrant délit, si le gouvernement eut voulu trouver des coupables ? cela n'est pas possible, et par conséquent je suis fondé à répéter que rien n'était plus facile que de détruire ces jeux scandaleux : la république a préféré de tourner à son profit une passion universelle : c'est la suite d'un système de déprédation dont elle s'est rarement écartée, ce qui n'en est pas mieux.

(*Page* 81.) « C'est le comble de la mauvaise foi que de m'avoir représenté comme le champion du loto ». Quoi ! il y a de la mauvaise foi, lorsqu'à la tribune du Corps législatif, oubliant ce que vous avez écrit il y a vingt ans, vous demandez le rétablissement de la loterie, et que vous en proclamez les avantages innombrables ! qu'appellez-vous donc être le champion de quelque chose ? « Je l'ai dit et redit ; c'est aux mathématiciens à nous donner le mode d'un établissement de loterie fondée sur des calculs nouveaux, ingénieux, et vraiment philantropiques ». C'est donc là ce que que vous avez dit : je vais vous démontrer que cette phrase n'est qu'un tissu d'absurdités. Sans être un grand mathématicien, j'ose affirmer qu'il n'existe pour une loterie que trois sortes de calculs : 1°. les chances seront avantageuses aux pontes : alors le gouvernement fera la guerre à ses dépens : je ne crois pas le nôtre en état de se permettre de tels sacrifices : la proposition en serait ridicule : 2°. les chances seront tellement balancées que l'égalité la plus absolue entre la loterie et les joueurs, en sera la suite : alors la république payera tous les frais d'établissement, pour nous amuser, ce qui n'est ni juste ni admissible : 3°. les calculs seront avantageux à la loterie, conséquemment désavantageux aux pontes ; c'est ce qui exitait autrefois, ce qui existe encore aujourd'hui, et ce qui existera à perpétuité. Vous savez que les mathématiciens ne se sont pas fatigués à imaginer ces calculs ingénieux, et sur-tout *philantropiques* : il est clair que de ces trois, le dernier seul était proposable ; et vous êtes le premier homme qui ayiez conçu l'idée qu'il put en être autrement. « Et puisqu'on parle d'immoralité, elle aurait lieu, si d'un côté le gouvernement s'exposait à perdre, ou de l'autre s'il gagnait au-delà de ce que comporte un jeu public accordé à l'espérance, qui meut tous les hommes ». Si le gouvernement s'exposait à perdre, il serait immoral ! quel étrange abus de mots ! il serait dupe, C. M., ce qui n'est pas la même chose ; vous trouvez donc qu'il ne gagne pas assez, pour que sa loterie soit entachée d'immoralité ! ainsi les frais de régie, les honoraires des receveurs, les dix ou douze millions que la république en retire annuellement : cela ne suffit pas ? ajoutez-y le gain que font quelques joueurs, qu'il faut répartir sur les perdans ; vous trouverez une somme fort raisonnable. « Innocenter les chances, les rendre plus favorables aux pontes ». *Innocenter* les chances ! charmante expression ; votre vœu pour les rendre plus favorables aux pontes, n'a pas été exaucé. « Empêcher les joueurs de chercher des bureaux étrangers pour recevoir leurs mises; tuer la cupidité du receveur particulier, et du financier moraliste qui fait travailler ses fonds ». Que l'on porte contr'eux la peine de trois ou quatre ans de fers, et qu'on y tienne la main; soyez assuré que les quatre premiers punis retiendront les autres à jamais : que l'on y emploie seulement le quart de la vigilance que l'on a mise à empêcher un malheureux émigré de recevoir des nouvelles de sa famille, ou quelques écus de son père, et je réponds du succès. « Accélérer les tirages, pour donner à l'espérance la plus prompte décision ». Comme cette accélération rapporte plus de profit à la république, votre vœu a été rempli. « Recevoir des mises depuis le plus bas prix jusqu'au plus haut ». Sans quoi la cuisinière et le manœuvre ne pourraient y atteindre; et il faut bien qu'ils participent aux bontés du gouvernement ! « Voilà ce que doit proposer le législateur. » Celui qui propose et celui qui exécute de tels plans, sont également aveugles et coupables, ils ne méritent pas le nom de législateurs; je vous renvoie à ce que j'ai dit sur les loteries dans ma 3ᵉ. Lettre : nous n'en parlerons plus dieu merci.

(*Page* 102.) « Un gouvernement tout à la fois neuf et nouveau a manifesté sa forme, sa puissance et sa vie : on ne saurait nier la création de ce corps politique : il est jeune et n'en est pas moins robuste ; il est vivant, et il doit avoir l'assentiment de tout être sensé ». Dirait-on que vous parlez du gouvernement établi par la constitution de l'an 3, qui est déja pour nous, le siècle passé ? Ce corps politique si robuste, quoique jeune, a été subitement anéanti ; il n'a opposé aucune résistance : ses plus fervens admirateurs n'ont ni osé ni pu le défendre : jusqu'au nom des chefs de l'État, tout est changé, dénaturé : il reste uniquement celui de

République française, et la grande nation s'en contente : avant le dernier démembrement de la Pologne, ses envoyés dans les Cours étrangères, se qualifiaient d'*Envoyés du Roi et de la République de Pologne* : personne n'était choqué de l'assemblage de ces deux mots si disparates au premier coup d'œil : ce qui acheve de démontrer qu'en tout temps et en tout pays, les hommes croient ce qu'on veut. Les deux choses ne peuvent exister de fait ; en Pologne, le roi était nul quant à la puissance, et la république, c'est-à-dire la diète jouissait réellement de la souveraineté : ailleurs, ce sera le contraire, et jamais, je le répète, deux pouvoirs égaux n'existeront ensemble dans un État.

(*Page* 103.) « Si le despotisme revenait en France, il serait le plus terrible de tous, parce que les pouvoirs intermédiaires gênaient, fatiguaient ou pressaient tour à tour le peuple et le monarque ». Si ces pouvoirs intermédiaires produisaient de tels effets, il s'ensuit que le despotisme des rois n'était pas aussi réel, aussi parfait qu'on a voulu nous le persuader; de plus le peuple français aurait donc de grands reproches à faire à ceux qui ont brisé de tels intermédiaires, sans être physiquement sûrs que l'ancien despotisme fut anéanti sans retour ? Que nous répondraient les membres des assemblées législatives, si par un de ces hasards, de ces jeux de la fortune, dont la providence se plaît quelquefois à étonner l'univers, le trône de France se trouvant encore occupé, nous leur adressions ces paroles ? *Qu'avez-vous fait législateurs imprudens ou perfides, pourquoi avez-vous détruit ce qui pouvait si non balancer l'autorité, au moins la contenir dans des limites que rien ne l'empêche plus de franchir ! Qu'opposerez-vous à ce torrent qui peut tout entraîner ? Étiez-vous certains que ces corps si puissans vous* seraient à jamais inutiles ? Législateurs aveugles et stupides ; vous avez cru délivrer la France ; vous l'avez courbée sous un joug mille fois plus affreux. Je vous entends répondre, C. M., que l'intention des législateurs a été bonne, que la nouvelle Constitution de la France ne pouvait admettre de corps intermédiaires, entre le peuple et les chefs de l'État, et finalement que mes craintes sont chimériques, parce que le roi ne reviendra plus : à quoi je vous observerai que ce n'est pas répondre, parce que sans avoir eu de roi depuis 1792, nous avons gémi très-fréquemment sous un despotisme *absolu*, et que d'ailleurs affirmer qu'une chose n'arrivera pas, pour s'éviter la peine de dire ce qu'on ferait, si elle arrivait, est assurément très-commode. « Le despote n'ayant plus ni clergé, ni noblesse, ni parlement à combattre, ou à concilier, la verge arbitraire frapperait le peuple dans toute sa longueur, et il n'aurait ni organe pour se plaindre, ni moyens pour se défendre. » Ce que vous dites est démontré par le fait : nous l'éprouvons depuis long-temps, quoique vos craintes ne soient que pour l'avenir : vous avouez, qu'autrefois, le peuple avait des organes *pour se plaindre*, et des moyens *pour se défendre* : tranchons le mot, en a-t-il aujourd'hui, et quels sont-ils ? A qui le citoyen opprimé par une administration jacobine (et il y en a encore) se plaindra-t-il ? au ministre; et si ce ministre protège l'administration (comme cela se voit encore) à qui se plaindra-t-il du ministre ? à l'autorité supérieure : ah ! cette autorité est occupée d'intérêts trop majeurs pour songer à un citoyen isolé ; si au bout de six mois on est parvenu à lui donner connaissance des faits, ce qui peut arriver de plus heureux à l'individu opprimé, c'est que ceux dont il s'est plaint le lui pardonnent, parce que les renseignemens, si l'on en prend, sont toujours

jours à l'avantage des administrations : supposez-les, royalistes (et il y en a), ce sera le même abus, *en sens contraire*. Si vous y pouviez quelque chose, je me donnerais la peine de citer des faits, vous m'apprendriez quels sont nos organes pour nous plaindre, et nos moyens de défense; jusques-là on ne peut, en vérité, que lever les épaules, et rire de pitié sur vous, et sur nous.

(*Page* 104.) « Le malheur a nécessité chez les Danois le plus lâche abandon : la haine pour les nobles a dicté cette honteuse concession, où l'on a pactisé avec un roi ». Si c'est le malheur qui a nécessité cette mesure, les Danois sont excusables : je ne puis blâmer un peuple, que l'excès de l'infortune a porté à changer sa forme de gouvernement : il faudrait même le plaindre, s'il avait lieu de s'en repentir : pactiser avec un roi, ou avec un autre homme, c'est indifférent : celui qui se noye s'accroche à la première branche, sans s'embarrasser à quel arbre elle appartient. « L'on détournerait la vue, avec horreur, du plus servile troupeau de l'espèce humaine dégradée, s'il était possible que nous imitassions les Danois ». Si nous les imitions jamais, ce serait donc l'excès du malheur qui nous y forcerait, et nous serions excusables comme eux. Pour n'être pas accusé d'une réticence trop marquée, vous auriez dû ajouter, ce que vous ne pouvez ignorer, que les Danois depuis 140 ans qu'ils ont pactisé avec un roi, qu'ils l'ont investi d'un pouvoir illimité, n'ont pas eu à se repentir d'une démarche aussi délicate : quelque extraordinaire que la chose puisse paraître, elle est réelle, et reconnue généralement. Je ne prétends pas en conclure que le despotisme soit désirable ; j'en induirai seulement que les sujets d'un despote peuvent n'être pas malheureux, et c'est ce dont beaucoup de gens paraissent douter aujourd'hui ; j'ajouterai même, ne vous en déplaise, que l'état de bonheur et de tranquillité dont jouit la nation Danoise durera encore, au moins, tout ce règne-ci et le suivant. Pardon, si j'offense vos oreilles républicaines, par l'éloge d'un gouvernement despotique; vous l'avez voulu : avant de parler des gens, il faut les connaître, et sur-tout ne pas s'appitoyer sur leur sort quand ils ne sont pas à plaindre. Eh bon Dieu ! qu'allez-vous faire en Danemarck ? gardez vos larmes pour les malheureux qui sont plus près de vous.

(*Page* 106.) « Comme l'irréligion a démoralisé le peuple, il est de la sagesse des législateurs pénétrés de l'importance et de la dignité de leurs fonctions, de redonner cours aux idées religieuses ». Cela est très-vrai, mais ne s'accorde guère avec les indécentes satires que vous lancez dans cet ouvrage contre la religion, et dont j'ai relevé quelques-unes ; vous ne prétendez pas, sans doute, par la seule force de vos raisonnemens, détacher le peuple des idées dont il a été bercé depuis son enfance, pour se livrer à votre culte théophilantropique, dont le principal mérite aux yeux de ses fondateurs, est de remplacer la religion établie, parce que dans un bouleversement général, il eut été ridicule, que le culte ancien restât seul debout. Qu'est-il arrivé ? la partie du peuple assez aveugle pour vous croire, (j'entends les théophilantropes) cesse d'obéir à sa religion, et ne la remplace par aucune autre : si vous ne lui rendez l'ancienne, il n'en aura jamais.

(*Page* 107.) La perversité humaine en secouant le frein religieux, s'est montrée sous un jour plus terrible et plus effrayant ». Il ne fallait donc pas porter les hommes à secouer ce frein : ceux qui tournent en dérision le culte de nos pères sont donc coupables ; alors qu'êtes-vous ? je suis théophilantrope, allez-vous me dire ? soyez ce que vous voudrez : je ne crains pas que vous m'attendiez sur le grand chemin pour me tuer ou me dépouiller ; sachons seulement si ceux qui font ce métier-là sont théophilantropes ; vous n'en savez rien ; je le crois : eh bien ! je sais moi, que s'ils le sont, cette religion permet d'être un scélérat ; s'ils ne le sont pas, il fallait leur laisser la religion qu'ils avaient, religion sur laquelle ce n'est pas le moment de s'étendre, mais que je soutiens, quoiqu'on puisse dire, avoir empêché plus de crimes que tous les bourreaux de l'univers.

(*Page* 190.) « Maury m'a dit, il y a 28 ans : je m'accrocherai aux académiciens qui me couronneront, et me feront par la suite prêcher un carême à Versailles : j'entrerai à l'Académie : de cette affaire j'obtiendrai une Abbaye : alors nous travaillerons dans le Clergé : je veux avoir 60 mille livres de rente, et puis mon *petit cheval* me menera à Rome ; il m'a dit vingt fois qu'il serait un jour Cardinal. » Ne trouvez-vous pas plaisant, que ces prédictions se soient toutes vérifiées ? vous étiez loin de le penser lorsqu'il vous faisait ses confidences, et vous vous moquiez de lui intérieurement ; n'est-il pas vrai ? « Comme toutes les grandes *tragédies* sont suivies d'une *farce*, je m'attends à voir *Maury*, Pape ; ô Rabelais ! » Vous vous y attendez, c'est-à-dire, que vous n'en croyez rien : vous voulez seulement, en cas qu'il le devienne, vous réserver la possibilité de dire que vous l'avez prédit ; c'est la méthode des sorciers d'aujourd'hui : pourquoi invoquez-vous Rabelais ? pour qu'il vienne rire aux dépens de l'abbé Maury : oh ! ne l'appellez pas, je vous en prie, vous ne pourriez plus vous en défaire.

(*Page* 119.) « Locke et Condillac sont venus nous empoisonner de leurs grossiers raisonnemens sur l'entendement humain. » Ce jugement est bien sévère : je crains pour vous, qu'il ne rencontre peu d'approbateurs : des ouvrages honorés d'une estime universelle doivent résister à vos attaques, et malgré le ton tranchant que vous avez adopté, croyez qu'on appellera de votre décision. « Pauvres aveugles (Locke et Condillac) ils avaient la cataracte, la goutte-sereine de l'ame : ils n'ont point connu le flambeau qu'il portaient à eux-mêmes. » A merveille, ce sont deux imbécilles ; et vous valez plus dans votre petit doigt, qu'eux dans toute leur personne.

(*Page* 120.) « La moralité, la volonté sont tout, ordonnent tout, et l'instinct moral est, sans cesse, affranchi des organes matériels. » Quel vaste champ pour la discussion, s'il entrait dans mon plan d'écrire un gros volume ! ne pensez pas, si je me tais, que je vous donne gain de cause ; mais il faudrait discuter longuement une hypothèse aussi importante : j'aime mieux ne pas commencer.

(*Page* 122.) « Jacob Dupont déclare à *la tribune* qu'il est athée ; fanfaronnade qui a tant prêté à la calomnie contre la Convention nationale, et qui l'a déconfiancée dans toute l'Europe. » *Déconfiancée !* si c'était *déconfite*, passe, nous y aurions tous gagnés : avait-elle donc besoin de la folie de Jacob Dupont, pour être *déconfiancée ?* Quelle expression ! L'Europe ne peut avoir eu confiance en elle, en voyant sa composition : je m'explique ; les ennemis de la France ont pu espérer qu'elle lui ferait plus de mal que dix armées étrangères ; et assurément ils ne se sont pas trompés : c'est la seule confiance qu'elle ait inspirée.

(*Page* 134.) « Voltaire pendant une très-longue vie, n'a jamais eu que *dix-huit à vingt-deux* années. » Dans ce cas, C. M., pendant vos soixante ans, vous n'avez pas eu six mois. J'arrive à la page 138, où se termine un beau discours de trente pages, que vous avez prononcé à la tribune, pour vous opposer à la translation de Descartes au Panthéon : s'il n'a pas endormi l'auditoire, il a dû faire un grand effet.

(*Page* 149.) « Il y aura encore les dimanches des salles de spectacle ouvertes ; entrez ces jours-là dans nos églises, vous y verrez une foule d'autant plus grande qu'on y assiste gratis. » Encore une sottise sous la plume d'un philosophe, qui avoue que les hommes ont besoin d'un frein religieux, et qui dit que c'est l'irréligion qui a démoralisé le peuple.

(*Page* 151.) « Il est d'autres *accapareurs* plus coupables, qui espèrent qui la privation absolue des choses d'une indispensable nécessité, commencera par mécontenter le peuple, que le peuple mécontent finira par se révolter ; les monstres ! » Ces monstres s'ils existent, sont encore plus sots que méchans; ils ignorent donc que la privation des objets les plus nécessaires, n'a jamais fait révolter le peuple, quand on n'a pas voulu qu'il se revoltât; pour vous tranquilliser, je vous dirai que le peuple dans l'abondance de toutes choses, se révolterait si on le voulait : quand je dis le peuple, j'entends cinquante ou soixante hommes par millier d'ames, qu'on paye, qu'on enivre, et qui vont où on les mène; les autres restent chez eux, et c'est ainsi que se font les révoltes. La seule différence est qu'elles sont un peu moins chères quand la disette se fait sentir, par la raison que, tout égal d'ailleurs, le pauvre est plus aisément séduit que l'homme aisé.

(*Page* 157.) « Comme ce sont les voitures qui payent le droit de passe, et que quiconque a une voiture, peut bien supporter cet impôt, d'ailleurs applicable à la réparation des routes, ces plaintes ont paru déraisonnables à tous les gens sensés. » Si ces plaintes sont déraisonnables auprès de Paris, parce qu'on y raccommode les routes, je les maintiens très-justes, très-fondées dans une partie des départemens, notamment dans ceux du midi, où les chemins sont négligés avec une impudeur révoltante, non-seulement pour les réparations d'absolue nécessité, dont on ne s'occupe pas, mais encore pour la sûreté. Il est tel passage de grande route, où depuis deux ans, il ne s'est pas écoulé une semaine sans vols : voulez-vous savoir pourquoi cela dure ? parce que ceux qui peuvent l'empêcher, voyagent toujours très-bien escortés : ce n'est pas là une raison, me direz-vous, pour qu'un abus aussi criant continue : j'y consens, et je me borne à raconter les faits.

(*Page* 164.) « Quelle pauvreté dans toutes ces conceptions religieuses, (il est question des tableaux italiens transportés à Paris) ! la Ste. Cecile de Raphaël, avec tous ses violons à ses pieds et son livre de musique ouvert ne chantera jamais; le lion de St. Jerôme ne fera jamais entendre aucun rugissement. » Parce qu'il est permis de ne pas aimer la peinture, croyez-vous qu'il le soit d'écrire de telles absurdités ? Où nous entraîne le désir d'être original, de publier des pensées qu'on croit piquantes, parce qu'elles sont neuves, et qui ne sont que ridicules ?

(*Page* 167.) « Le simple villageois sourit de pitié, quand on lui dit que tel riche a payé quarante mille francs une toile peinte de quatre pieds de long. » Ce villageois pense qu'il aurait fait un meilleur usage de ses quarante mille francs, et il a raison : il sourirait également pour tout autre objet de luxe, dont la rareté, la perfection et par conséquent la valeur lui seraient inconnues. « J'aime mieux, répond-il, une terre qui rapporte, et des arbres qui produisent, qu'un paysage en peinture. » Offrez-lui un exemplaire de tous vos ouvrages, vos drames compris, et demandez-lui-en le prix ordinaire ; il vous répondra avec autant de raison, pour le moins, que cette masse de papier noirci ne lui rapportera rien, qu'elle est trop chère pour en faire des cornets pour ses graines, et qu'il aime beaucoup mieux une pièce de 30 sols : en croirez-vous vos productions plus mauvaises ? Je suis sûr que non ; eh bien les peintres se consoleront, ainsi que vous, de l'arrêt foudroyant du villageois.

(*Page* 168.) « Ce n'est que dans la parole, dans l'écriture, que réside au souverain degré l'imitation des choses. » Cela est faux, et l'on ne peut pas sans injustice, refuser à la peinture ce genre de mérite, et même à un très-haut degré. » Loin de moi les images matérielles, pour exprimer les objets matériels. » En vérité, c'est être trop ennemi de la matière : songez donc que nous ne sommes pas de purs esprits ; tout en nous, quoique vous en disiez, ne saurait être intellectuel ; nous devons quelquefois nous rappeller que nous avons des sens, et cette perfection sublime à laquelle vous portez les hommes si rapidement est à-peu-près idéale : et pour me servir d'une expression très juste quoique triviale, *vous vous perdez dans la lune.*

(*Page* 169.) « C'est dans l'enceinte des villes, de ces grandes prisons, qu'a commencé ce goût imposteur, qui fait regarder un paysage sur un mur, au lieu d'aller visiter la forêt voisine. » Ce goût imposteur n'a pu commencer que dans les villes, puisque c'est là seulement qu'on trouve les moyens d'aisance nécessaires pour s'y livrer : lorsque la forêt voisine est encore fort éloignée, je trouve qu'il est infiniment plus agréable de considérer un paysage sur le mur de son cabinet ; d'après votre principe, vous permettez les vues de la mer à ceux qu'une distance de cent ou cent-cinquante lieues empêche de faire le voyage ! Ah ! C. M., vous n'avez pas ri sur vous-même, en écrivant d'aussi grandes pauvretés ! allons, vos lecteurs y suppléeront. « Je n'ai rencontré, en Suisse, qu'un seul amateur de tableaux. » Vous avez mal cherché ; car, j'en ai trouvé plus de vingt que je vous nommerais, s'il le fallait. « Le pinceau pourrait il jamais soulever les mers comme ce vers de Virgile ? *Luctantes ventos tempestatesque sonoras.* » La tempête de Vernet aura sur le vers de Virgile, l'avantage d'être à la portée de tout homme jouissant de la vue, au lieu que le vers, pourra n'offrir à bien des gens que des sons inarticulés, vuides de sens. « La vie de trente Raphaël, ne suffirait pas à traduire le second livre de l'Eneïde. » Je ne sais ce que vous voulez dire par-là ? Est-ce à représenter sur la toile tous les épisodes du second Livre ? Vous vous trompez encore ; et en retorquant l'argument, s'il fallait faire un poëme sur chaque tableau de Raphaël, dix Virgile n'en viendraient pas à bout ; s'il s'agissait de Rubens, il en faudrait plus de cinquante ; je conclus à la lecture de ce chapitre, qu'on peut vous appliquer ce vers, ainsi parodié : *Cet homme assurément n'aime pas la peinture.*

(*Page* 170.) « Comment dompter l'exécrable cupidité des usuriers, qui affichent sur toutes les murailles le cachet de leur fripponnerie ». La police la domptera, en cessant de les protéger, d'en percevoir un bénéfice honteux, et en portant et *exécutant* une loi qui condamne aux fers les usuriers convaincus; ce qui serait fort aisé. « Ce qui fait gémir le politique et le moraliste, c'est que cette usure marche la tête levée ». Je l'approuve, puisqu'on ne l'empêche pas : cette canaille fait son métier ; et ceux qui devraient la surveiller, la punir, ne font pas le leur.

(*Page* 182.) « Oh ! qu'elle était intéressante cette assemblée d'hommes connus et distingués, de savans en tout genre, au milieu desquels siégea Bonaparte ». Il s'agit de la séance de l'institut national, du 15 nivôse an 6 : on y a vu le C. M. parmi ces *savans*, ces hommes *connus* et *distingués* : ce qui n'empêcherait pas qu'on ne pût aisément citer plusieurs de ses membres qui ne méritent aucune de ces épithètes : quelques réflexions sur les anciennes académies, ne seront peut-être pas déplacées ici.

La suppression totale des académies, décrétée en 1793, est une des opérations de la Convention nationale, bien digne d'elle. A quoi servaient les académies ? à établir, entre les savans, les gens de lettres, les artistes, une ligne de démarcation, que l'égalité proscrivait, et que par conséquent un gouvernement purement démocratique, ne pouvait tolérer : voilà quel fut le raisonnement de la Convention, la base de son décret : cette base est fausse, et ce raisonnement misérable : si l'égalité est bannie par le fait d'une certaine classe d'hommes, c'est assurément de chez les savans, les littérateurs, les artistes : tous les géomètres ont-ils égalé Euler, Dalembert ? tous les écrivains Buffon, tous les poëtes Voltaire, tous les artistes Houdon, ou Pigalle ? les académies étaient le but où tendaient les hommes célèbres : parce que Rousseau, Piron, Molière et autres n'y ont point été admis, fallait-il faire le procès aux établissemens eux-même ? non : il fallait en réformer les abus : il fallait, par des choix toujours sages, épurer ces sociétés, les rappeller à leur institution première. On a blâmé les admissions fréquentes des grands seigneurs, sous l'ancien régime ; je conviens que plusieurs d'entr'eux n'avaient d'autre titre que leur nom, et c'en est un bien faible pour être inscrit dans les fastes d'une académie : mais ceux qui se sont élevés avec tant de force contre ces élections, n'ont voulu considérer la chose que sous un seul point de vue, faute trop ordinaire dans les querelles d'opinion. Les académies, ainsi que tous les établissemens dont l'existence était précaire, avaient besoin des secours du gouvernement, de sa bienveillance, en un mot, de protecteurs : la nomination de quelques grands seigneurs aux places d'académiciens, en les liant aux corps qui les avaient admis, les forçait à s'en occuper, à les servir de leur crédit ; sans cet appui nécessaire, les académies, malgré les talens, le mérite réel de leurs membres, eussent été livrées à un abandon, à un oubli honteux pour les sciences, et capable d'en retarder les progrès : on va m'objecter que la faute en eut été au gouvernement ; c'est ce que je nie : si les académies avaient encore existé, nous y verrions admis les grands seigneurs du moment, les sénateurs, les tribuns, les ministres, les patriotes reconnus : leur crédit, à la vérité, ne s'étendrait pas au-delà de leur existence politique, et les sociétés savantes devraient changer fréquemment de protecteurs ; mais quand les pouvoirs sont éphémères, il est impossible de se créer des appuis plus durables.

Les académies entretenaient l'émulation ; la chose est indubitable ; et sans émulation, tous les talens végètent dans une honteuse médiocrité.

Ce que je dis des académies de Paris, doit également s'appliquer à celles des provinces : une correspondance active entre ces sociétés, la publicité de leurs travaux respectifs, ne pouvait qu'être avantageuse à la propagation des lumières. Les mémoires de l'académie des sciences, et plus encore ceux de l'académie des inscriptions, sont à coup sûr des monumens littéraires infiniment précieux. Les arts, les sciences et les lettres, ont donc perdu beaucoup à la suppression des académies; et ce qui prouverait qu'on en a senti la nécessité presqu'absolue, c'est la formation de l'institut national en 1795 (imité bientôt dans les départemens, sous le nom de lycée, d'athénée, ou tout autre) ; n'est-ce pas-là une véritable académie ? ceux qui avaient brisé l'idole n'ont pas voulu avoir la honte, ou peut-être la gloire, de la relever; mais la différence n'existe que dans les mots. Si l'on consulte la liste des membres qui le composent, après quelques savans estimables, et plusieurs littérateurs distingués, on trouvera des noms de toute nullité, même parmi les hommes marquants aujourd'hui, parmi ceux qui ont remplacé les gens de cour : je ne parle ni de Chénier, ni de François *dit* de Neufchâteau, qui, sans être des aigles en littérature, ont cependant quelques droits à des distinctions honorifiques : je me contenterai, pour être fidèle à mon système, d'étayer par des preuves, ce que j'avance, de demander quels sont les titres littéraires des CC. Merlin, la Réveillère, Villars, etc. etc., auxquels je ne connais que celui de *seigneurs* du nouveau régime. Si nos anciennes académies offraient des noms ignorés dans les lettres, ceux de Nivernois, de Bernis, de Paulmy, de Tressan, étaient à couvert de ce reproche.

En dernière analyse, tous les peuples éclairés, ou seulement policés, ont des sociétés savantes et littéraires; nous avons voulu en ceci, comme en tout, nous distinguer des autres nations; mais par quelle fatalité nos innovations ont-elles presque toujours été blâmables? le hasard nous a donc bien mal servis jusqu'à présent?

(*Idem*) « L'assemblée resplendissait ce jour-là de la gloire du héros ». Ce chapitre, qui porte le titre : *Bonaparte à l'institut national*, lui est consacré en entier : j'approuve en partie les éloges dont le comble le C. M.; et qu'aurait-il dit s'il eut écrit après le 18 Brumaire? il n'est aucun écrivain aujourd'hui qui ne se croie obligé de parler de Bonaparte : tous chantent plus ou moins ses louanges : beaucoup le flagornent, peu lui disent la vérité (je ne parle pas des libelles anonymes, qu'un homme tel que lui ne peut que mépriser) : il a trop de tact pour ne pas priser à sa juste valeur l'encens dont les flatteurs cherchent à l'enivrer : il sait que le pouvoir suprême les a toujours attirés : Robespierre en a trouvé ! qui pourrait, après cela, ne pas apprécier de tels hommages ? je vais donc imiter les littérateurs du jour, non en ne disant que du bien de Bonaparte, mais en disant ce que je pense de lui ; il doit redouter d'autant moins la franchise dont je fais profession, que, sans vouloir me soumettre à une admiration aveugle et générale, la balance penchera infiniment du côté du bien.

Je considérerai d'abord Bonaparte comme militaire : depuis qu'il a pris le commandement des armées, sa gloire a été entière, continuelle : sa campagne d'Italie l'a placé au premier rang des généraux : celles qui l'ont suivie ont ajouté de nouveaux fleurons à une couronne déjà si brillante ; je compterai cependant pour rien la prise de Malte, et pour peu de chose les victoires remportées sur les Mamelucks, sur ces hordes indisciplinées, hors d'état de résister à la tactique européenne, et pour la destruction desquelles rien n'était moins nécessaire que l'élite des armées françaises. Une seule fois la fortune a semblé abandonner Bonaparte ; les murs de saint Jean - d'Acre ont vu son premier, son unique revers : je ne partage pas l'opinion de ceux qui attribuent exclusivement à un bonheur surnaturel ses succès innombrables ; un général médiocre ne peut être toujours heureux.

Si j'admire les campagnes de Bonaparte en Italie sous le coup d'œil militaire, j'admire encore plus la manière dont

dont il a traité les émigrés, les prêtres, ces malheureux français, que l'imprudence ou la cruelle nécessité avaient jetés sur cette terre inhospitalière : c'est-là qu'il a été vraiment grand, parce qu'il a été juste, pouvant impunément ne l'être pas : le directoire, dont il était alors l'agent, lui aurait pardonné plus aisément une conduite toute opposée.

Je n'approuve pas l'expédition d'Egypte : je la trouve impolitique sous plusieurs rapports, et je crois que sa conquête, que je suis loin de regarder comme assurée, ne nous apportera pas les avantages inappréciables qu'on en attend : son abandon offrira seulement à nos ennemis, dans le cas d'une pacification générale, un objet de compensation dont nous pourrons tirer parti. Une discussion à cet égard me menerait trop loin, et serait un hors-d'œuvre dans mon ouvrage ; il est possible que je me trompe, que dans dix ans, la france recueille de cette invasion des fruits réels et précieux ; alors je désavouerai de grand cœur mon opinion actuelle, et je le souhaite bien sincèrement. Au reste Bonaparte, dans cette expédition, n'a été que l'instrument du directoire ; et dans tous les cas, il ne peut être responsable aux yeux de la postérité, que de son exécution ; si l'opération a été bonne en elle-même, l'honneur en appartient au gouvernement qui l'a ordonnée ; dans le cas contraire, le blâme retombe sur lui seul.

Une réflexion qui ne peut échapper à l'observateur impartial, est celle-ci ; comment dans huit ans de guerre, la France compte-t'elle au moins autant de grands généraux qu'en ont offert les règnes de Louis XIV et de Louis XV réunis ensemble ? le fait existe ; il faut donc lui chercher une cause ; voici celles qui se présentent à moi : l'esprit républicain qui, s'emparant de nos soldats, les a électrisés, les a rendus presque invincibles : le défaut d'ensemble chez nos ennemis ; la trahison de leurs troupes, la séduction de leurs cabinets ; l'introduction de nos principes dans des pays, où nous avons trouvé d'abord des sectateurs, des amis ; une tactique nouvelle dans nos armées ; le sacrifice de tant de milliers d'hommes qui ont acheté nos victoires au prix de leur sang; à laquelle de ces causes faut-il attribuer les hauts faits des armées françaises ? je l'ignore, et conséquemment je me garderai bien de décider la question : je sais seulement qu'il doit y avoir une raison pour que des généraux, élevés même dans un état bien différent de celui qu'ils ont embrassé depuis, ayent pu acquérir une célébrité méritée, et sur-tout pour que leur nombre soit aussi considérable. Quelle que soit cette cause, dont l'existence ne peut se nier, elle me paraît devoir atténuer la gloire militaire de Bonaparte : car enfin elle lui est personnellement étrangère, puisque nous la voyons commune à tant d'autres généraux. N'oublions jamais que depuis dix ans nous avons attribué aux hommes bien des évènemens qui étaient dûs à la révolution elle-même : cependant, malgré ce que je viens de dire, il reste à Bonaparte, comme militaire, une telle portion de gloire, qu'elle a de quoi satisfaire l'homme le plus ambitieux.

Ce général, que l'on croyait encore en Égypte, dont on regardait déjà le retour comme chimérique, débarque en France, après une traversée presque miraculeuse : ce n'est pas aujourd'hui qu'on peut dire précisément s'il est revenu avec le projet qu'il a exécuté, ou si les circonstances le lui ont suggéré : en ne considérant que la marche ordinaire de la révolution, j'attribuerais, sans balancer, le 18 Brumaire à l'empire des évènemens, plutôt qu'à un plan fixe et déterminé. Quoiqu'il en soit, cette journée sera comptée parmi les plus importantes de notre histoire; aucune (le 9 Thermidor excepté) n'a produit des effets aussi universels, et sur-tout aussi prompts; elle a même, sur le 9 Thermidor, l'avantage d'avoir totalement changé la forme du gouvernement; d'avoir réduit au plus petit nombre possible, celui des chefs suprêmes de la république. Le 9 Thermidor n'a fait qu'arrêter l'effusion du sang, et a laissé la France en butte aux partis, qui tenteraient encore de saisir les rênes de l'état; le 18 Brumaire a terrassé toutes les factions qui, jusqu'alors avaient marché tête levée; ce qui le prouve, c'est qu'on n'a vu depuis, que des trames sourdes, des complots obscurs, en un mot des assassinats, dont aucun gouvernement ne sera jamais certain de pouvoir empêcher l'exécution.

Bonaparte a eu le bonheur de succéder à un pouvoir exécutif, méprisé, abhorré; c'est en quoi principalement on peut le regarder comme l'enfant gâté de la fortune : combien on est heureux de remplacer des chefs tels que nos directeurs ! si leur chûte eut attiré les bénédictions de toute la France sur l'homme le plus ordinaire, devons-nous être étonnés de l'enthousiasme, du délire qu'a excités Bonaparte ? il a donc attaché pour jamais son nom à cette journée mémorable du 18 Brumaire; il a conquis tous les cœurs français, les uns par la reconnaissance, les autres par l'espoir : je ne parle pas de ce parti que rien ne peut fléchir, dont l'unique jouissance est fondée sur le malheur des hommes, pour qui l'anarchie a seule des attraits, parce que seule elle promet la dévastation, le pillage et l'impunité.

Jusqu'à présent, la politique du premier consul paraît sage, éclairée : la paix qu'il vient de nous donner, est un bienfait inappréciable, si sa durée, sa solidité répondent aux espérances que nous avons conçues. Le commerce a besoin de la paix sur les mers, ne peut même s'en passer ; que nulle puissance continentale ne se joigne de nouveau à l'Angleterre, hors d'état de nous résister seule ; cette paix si nécessaire, ne saurait tarder : alors le guerrier pacificateur jouira d'une gloire pure, sans mélange ; il pourra se livrer à des plans de réforme, que tout commande ; rappeller cette masse de français, injustement bannis, auxquels le projet d'éliminations (vanté à outrance, ainsi que tout ce qui offre l'apparence du bien), a donné des espérances, trop long-temps illusoires ; jeter un regard paternel sur des contrées encore malheureuses, sans doute par leur éloignement de la métropole, etc. Puisqu'il ne fait pas déjà tout le bien qu'on a droit d'attendre de l'homme revêtu de la puissance suprême, à l'existence duquel le salut de la France est peut-être attaché, il faut en conclure que des motifs trop puissans paralysent sa volonté ; la paix générale anéantira tous les obstacles. Je suis loin de partager l'opinion de ceux qui pensent que Bonaparte ne *peut*, n'*ose* pas faire plus qu'il ne fait : l'homme qui a fait le 18 Brumaire, qui a détruit en quelques heures un gouvernement robuste, absolu, qui, non content de renverser *cinq* chefs, s'est mis *seul* à leur place, *peut* tout, *ose* tout. Ainsi attribuons à un autre motif la stagnation qu'éprouvent plusieurs parties de l'administration de la France ; respectons le, parce que sans doute il est juste : appellons la paix générale sur notre patrie ; et, sur celui qui nous la donnera, les actions de graces de tous ceux à qui elle rendra la tranquillité, seul bien auquel puisse jamais prétendre tout français sorti de l'enfance à l'époque de la révolution.

(*Page* 185.) « Sérieux comme Caton, les français vont apprendre de lui (Bonaparte) à devenir graves. » Il n'y a personne, croyez-moi, qui puisse opérer ce prodige : Robespierre était bien un autre prédicateur que Bonaparte; il a laissé le caractère des français comme il l'avait trouvé ; lorsqu'un règne comme le sien ne l'a pas changé, il faut nous regarder comme incurables, et finalement je ne sais si c'est un mal.

(*Page* 187.) Chapitre 260. *Vos derniers vers*, C. M., plût à Dieu ; car ils sont détestables ; vous consacrez une moitié de ce chef-d'œuvre à dénigrer, à insulter la Harpe et l'Académie : vous y revenez trop souvent : le dépit perce malgré vous, et lorsque vous dites : *un sot, ou bien un jetonnier; c'est parbleu même chose*, vous démontrez qu'on peut parler comme un *jetonnier*, sans l'avoir été ; et quand pour vomir des injures grossières contre un écrivain si supérieur à vous, c'est le moment où il est écrasé sous le poids de la tyrannie, condamné aux scorpions de la Guyane, que vous avez choisi, l'épithète de *jetonnier* est un compliment.

(*Page* 192.) « Les prêtres catholiques parleront toujours, avec affectation du catholicisme, comme de la religion par excellence. » Voulez-vous qu'ils prônent le mahométisme, ou la confession d'Augsbourg ? vous voyez bien que vous déraisonnez. La suite de ce chapitre, est un éloge emphatique des théophilantropes : je me garderai bien de combattre une secte si digne d'avoir pour Patriarche l'ex-Directeur la Reveillère, votre collègue à l'Institut dans la classe de morale, partie que vous connaissez l'un et l'autre également bien : elle mourra de sa belle mort, et cela ne tardera pas.

(*Page* 203.) « On racontait à l'Ambassadeur turc, qu'il venait de se passer un grand évènement à Paris le 18 fructidor, et que le Directoire avait triomphé; après avoir écouté avec le plus grand sang-froid, il demanda combien il y avait de têtes sur les murs du palais Directorial : --- pas une : on n'a pas même versé une goûte de sang : --- il ne pouvait revenir de sa surprise. » Il fallait ajouter, que le Directoire dans sa clémence faisait voyager ses victimes dans des cages de fer, et les envoyait périr de misère à deux mille lieues : sa surprise eut cessé ; il eut même dit, je le parie, qu'à Constantinople les vengeances du gouvernement étaient terribles, mais promptes, et se prolongeaient bien rarement pendant des années ; d'où il eut conclu, que le Directoire français, ce modèle de clémence et de grandeur d'ame avait agi plus barbarement, que ne l'eut fait son maître en pareille circonstance : parallèle tout-à-fait flatteur pour les trois héros de cette immortelle journée.

(*Page* 205.) « On sait aujourd'hui que *Monsieur* de Blankenbourg était le plus grand ennemi de son frère et de son roi. » Comme il n'y a que les confidens intimes, qui sachent de pareilles choses, il faut en conclure que vous êtes un de ceux de Monsieur de Blankenbourg; plaisanterie à part, où diable avez-vous ramassé de telles sottises? Ce sont donc les ruisseaux fangeux de la capitale qui vous fournissent de quoi remplir vos feuilles mensongères? Quelque indifférente que soit la calomnie sortant de certaines bouches, la simple probité s'oppose à ce qu'on se la permette à l'égard d'un ennemi, et sur-tout d'un ennemi vaincu. Cependant consolez-vous, le coup que vous portez au frère de Louis XVI, ne le terrassera pas : son honneur résistera à vos attaques ; vous riez ; l'honneur de *Monsieur !* oui, quoique émigré, quoique proscrit, il y tient encore ; cela vous étonne, et vous êtes tenté de répondre comme le financier de la comédie :

... La probité, l'honneur, ce sont des termes
Que l'on ne connaît pas à notre hôtel des fermes.

(*Page* 209.) « Tandis que les patrouilles de républicains qui ont marché à la prise de la Bastille, se sont avancées depuis jusqu'à Rome, jusqu'à Berne, jusqu'aux portes de Vienne; » Si l'on vous eut forcé de marcher à quatre pattes, depuis l'endroit où s'est arrêtée l'armée française, jusqu'aux portes de la capitale de l'Autriche, vous auriez trouvé le chemin terriblement long. « Et bientôt jusqu'à Londres. » Style oriental : il faudra une furieuse *patrouille* pour cette expédition-là.

(*Page* 214.) « Notre édifice constitutionel est solide et majestueux. » Autant l'un que l'autre. « Il durera parce qu'il assure au gouvernement toute l'unité et l'intensité d'action dont il a besoin. » Vous avez vu combien il a duré. « .... Il s'est donné pour soi-même un pouvoir exécutif, robuste. » Le 18 brumaire a été, ce me semble, plus robuste que lui. « Le gouvernement actuel de la France est le gouvernement des choses. » Et celui ci qu'est-il ? car, enfin, il n'est plus le même. « Et quand les choses sont bien comprises, le pouvoir des hommes est presque nul. » Nous ne sommes pas encore parvenus à ce point de perfection ; puisque nous ne saurions nier que les hommes ne puissent encore beaucoup aujourd'hui.

La tâche que je m'étais imposée est remplie : la réputation dont jouit le C. M., comme littérateur, me fait craindre qu'on ne blâme la hardiesse que j'ai eue d'attaquer un champion aussi formidable, au moins par le nombre de ses productions ; cependant je cours les risques de l'évènement : si je succombe dans cette lutte, il me restera la gloire d'avoir combattu ; l'auteur du nouveau Paris, est un de ces colosses littéraires par qui l'on peut être vaincu sans honte : je me résigne à mon sort.

FIN.

TABLE
DES MATIÈRES.

A.

Académiciens. Leur grand crime est de n'avoir pas admis Mercier, *page* 140

Académies. Dissertation à ce sujet, 305 *et suiv.*

Actif. Ce que c'est que Citoyen actif, 185

Amnistie. Le philosophe Mercier n'en veut pas, 274

Angleterre. Appellée puissance du 3.me ordre, 20

—— Conserve par la force la suprématie des mers, 23

—— A contrefait notre papier-monnaie, 107

—— Hors d'état de nous résister seule, 108

Argent. N'est pas toujours le produit du travail, 170

Assemblées nombreuses n'ont ni dignité, ni courage, 58

Assignats. 127--132--134

B.

Banques de jeu. Impôt sur les mauvaises têtes, 162

Barrère. Menteur intrépide selon Mercier, 74

Bastille. Le siège de cette Forteresse est le pendant de celui de Malte, *page* 84
―― N'eut pas été prise par des ingénieurs, 88
Boissy-d'Anglas. Menteur intrépide, selon Mercier, 74
Bonaparte trop grand militaire, pour se faire un trophée de la prise de Malte, 84
―― Coup d'œil sur ce Général, 310 *et suiv.*
―― Ne rendra pas les Français sérieux, 321

C.

Calculs. Ce que c'est que des calculs philantropiques, 280
Calonne, plus grand Administrateur que Necker, 10
Château de Versailles, a soutenu l'espoir de nos ennemis, 40
―― Aurait dû être démoli, 41
Chenier, ce qu'il aurait dû faire plutôt que des Tragédies, 85
Chiens du roi, plus heureux que ses soldats, 193
Cocarde nationale, fera le tour du monde avec le capitaine Baudin, 88
Comédiens. Se sont distingués révolutionnairement, 76
Communier. Ce que c'est, selon Mercier, 228
Condorcet. Son opinion dans le procès de Louis XVI, le déshonore à jamais, 236
Constitution. Les Français n'en ont accepté aucune librement, 59

— De l'an III, page 145
— De 1791, complétement absurde, 216
— Éloge de celle de l'an III, par Mercier, 326
Critiques. Souvent pris pour des libellistes, par les Auteurs critiqués, 240
Cromwel. Nous n'en avons pas eu un seul, 103

D.

Danois. Ont été forcés de se jeter dans les bras d'un Roi, 289
— Ne sont pas blâmables, 290
— Ne sont pas malheureux, *idem.*
David, seul Peintre qui ait souillé un grand talent, 76
Décrets des 5 et 13 fructidor, n'ét.. ont pas acceptés par les français avant le 13 vendémiaire, 243
Départemens du midi, moins bien administrés que beaucoup d'autres, 5
Députés probes, devaient après le 31 Mai, quitter la Convention, 39
Desmoulins (Camille) a mérité son sort, 62
Directoire-exécutif, le 18 brumaire lui a fait perdre son aplomb, 234
Drouet, pourquoi n'a pas été condamné avec Babœuf, 266
Dumouriez, devait plutôt arrêter les quatre Représentans, que leur obéir, 64

Dumouriez, est peut-être, la cause que la fille de Louis XVI existe, *page* 116

E.

Écoles de charité, ce que leur attribue Mercier, 221

Egypte. L'invasion des français a été impolitique, 23-313

Émigrés regrettent moins leur pays que leur bien, 95

—— Comment traités par Mercier, 251

—— Comment traités en Italie par Bonaparte, 313

Enfant de Louis XVI ; Mercier est *sûr* qu'il n'a pas été empoisonné, 116

Europe n'a jamais été conjurée contre la France, 37-150

F.

Fédération de 1790, 31

Fête du 21 Janvier, crue immortelle, par Mercier, 259

Fouquier-Tinville, le talent lui était inutile, 214

France. Devait se renfermer dans ses limites, au lieu de les étendre, 106

—— A quoi tient son salut, 256

Français. Ne sont pas tous solidaires de la mort de Louis XVI, 13

—— Comment retenus chez eux, 93

Fructidor (18), résumé de ses suites, 19-97

G.

Génération. Comment la prochaine sera composée, *page* 177

Girondins. Leur éloge, par Mercier, 25-38

—— Leur défaite le 31 Mai, a été un grand malheur, 143

H.

Hyères (Isles d'). Bevue de Mercier à ce sujet, 226

I.

Institut national. Tous ses membres ne sont pas également célèbres, 305

L.

Lazzis contre le Directoire, 233
Locke et *Condillac*, sévèrement jugés, 295
Loterie demandée par Mercier, 159
—— Impôt onereux, indigne d'une grande Nation, 168-176-229-279
Louis XV, calomnies sur lui et sa famille, 206
Louis XVI, trahi par tout le monde, 215
—— Mercier est prêt à danser sur ses cendres, 264

M.

Martin, cul de jatte, tireur de cartes, oracle de Mercier, 86
Mazers de Latude, sorti de prison plusieurs années avant la prise de la Bastille, 47

Maury, avait prédit qu'il serait académi-
cien, *page* 66
—— N'a pas inventé l'émigration, 67-119
—— Avait dit qu'il serait Cardinal, 293
Médaille frappée en l'honneur de M. de La-
tour, Intendant de Provence, 72
Meurtres prétendus, commis par Louis
XVI, 111
Modérés, n'ont été, et ne seront jamais bons
à rien, 244 *et suiv.*
Modes. Les anciennes sont nouvelles pour
nous, 223
Moine vu à Saintes ; conte ridicule, 277
Musiciens. Aucun de célèbre n'a été jacobin
forcené, 79

N.

Nation. Ce que c'était, et ce que c'est, 180
Necker tombé dans l'oubli qu'il méritait, 11-28
Notaires, assimilés aux Boutiquiers, 191

O.

Orléans (Duc d'), méritait un article à part
dans le nouveau Paris, 61

P.

Paix continentale a été forcée, et peut ne
pas durer, 155
Paris n'a pas dû être attaqué en 1789, 2-4-118
—— Erreur sur sa superficie, 197
Parisiens. Sont indifférens sur les évène-
mens, 199

Peuple. Ne se lève, que lorsqu'il est dirigé, pages 75-212-298
Pitt, 14-116-68-73-234
Pologne. Ce qu'était son gouvernement, 285
Prêtres catholiques. Mercier s'étonne qu'ils vantent le catholicisme, 322
Provisoire. Épithète qui en France, convient à tout, 94

R.

Raynal. A quoi il doit sa célébrité, 83
Réaction. N'a pas sacrifié autant de français que le terrorisme, 209
Réfractaire. Définition de ce mot, 227
Religion. Il ne fallait pas l'ôter au peuple, 292
Rentier. A droit de se plaindre, 153-157
—— Ne peut plus rien perdre à une réaction, 237
République française, ne doit pas son établissement aux perfidies de Louis XVI, 102
Requisitionnaires. Il est injuste de les sacrifier pour faire des conquêtes, 124
Rois. Ne soutenaient pas une cause commune, en attaquant la France, 147
Rome. N'a pas joui long-temps de la résurrection de son ancienne république, 120-122
Rousseau (J. J.), a été mal compris, 83
—— Voulait qu'on l'appellât citoyen, 187
Royalisme, n'est pas synonime de jacobinisme, 230

S.

Saint-Domingue. Jamais Louis XVI n'a dû y être transporté, 108

Samson, bourreau de Paris, est coupable d'avoir obéi pendant la terreur, 179

Sermens. Tous les français en ont prêté plus ou moins, 262

Souverains. Ne règnent pas toujours par les crimes, 126

Succès militaires des français ; quelles en sont les causes, 315

T.

Terreur. Son retour n'est pas démontré impossible, 254

Trône de Louis XVI, n'a pas été renversé le 14 Juillet, 122

V.

Vendée. Le gouvernement a voulu éterniser cette guerre, 211

Vendémiaire (13), journée affreusement célèbre, 17

Vers de Mercier, qu'il assure être ses derniers, 321

Vienne. L'armée française n'a jamais été à ses portes, 325

Fin de la Table.

ERRATA.

Page 2, ligne 4 précisément, *lisez* absolument.

Page 5, ligne 11 vraissemblable, *lisez* vraisemblable.

Page 10, ligne 22 passant, *lisez* passait.

Page 20, ligne 1re. fussillades, *lisez* fusillades.

Page 22, ligne 18, *ôtez* la.

Page 57, ligne 2 j'aurai, *lisez* j'aurais.

Page 64, ligne 4 c'est, *lisez* vous.

Page 121, ligne 13 échafaut, *lisez* échafaud.

Page 131, ligne 19 c'est, *lisez* c'est.

Page 281, ligne 14 exitait, *lisez* existait.

www.ingramcontent.com/pod-product-compliance
Lightning Source LLC
Chambersburg PA
CBHW050759170426
43202CB00013B/2485